우리말 대승기신론

지은이 : 김성규
펴낸이 : 심관희
펴낸곳 : 통섭출판사

계정 1쇄 인쇄 : 2017년(불기 2561년) 05월 30일
계정 1쇄 발행 : 2017년(불기 2561년) 06월 05일

등록번호 : 제2014-4호
등록일자 : 2014년 3월 18일

주소 : 대구광역시 남구 대명역1길 11
Tel (053) 621-2256, Fax (053)621-2256
E-mail : tongsub2013@daum.net

값 : 15,000원

ISBN 979-11-953733-7-6

우리말
대승기신론
(大乘起信論)

한글번역 **정명 김성규**

마명보살 지음(馬鳴菩薩造), 한문번역 **진제**
대정신수대장경 제32권 1666

머리말

대승기신론을 읽으면서 부처님께서 말씀하신 내가 설한 법은 바다에 들어가는 것처럼 들어갈수록 더욱 더 깊어진다는 구절이 떠올랐습니다.

1970년 대 젊은 시절 원효의 대승기신론소(이기영저 원효사상)를 볼 수 있었던 지중한 불법과의 인연에 다시 한번 고마움을 느낍니다. 이 인연이 쌓여 오늘 대승기신론을 번역하고 강의할 수 있는 행운이 주어지지 않았나 생각합니다.

대승기신론은 공장에서 일을 하면서 여러 가지 물건을 흩어놓았다가 일을 마치고 돌아갈 때 말끔히 정리된 공장과 같습니다.

잘 정리된 내용으로 가슴이 떨리고 가벼운 흥분마저 일게 합니다.

불법을 깊이 이해하는 한 사람만 있어도 세상이 당당한 이유를 알 것 같습니다. 그리고 진리를 걷는 자가 한명만 있어도 세상은 행복합니다.
칼날 위를 편안하게 걸어가는 것도 불법이 있기 때문인 것을.
이 대승기신론을 번역하면서 꽃다운 젊은 나이에 황제가 내린 정승의 벼슬을 거절한 이유로 감옥에서 요절한 승조의 마음을 알 것 같습니다. 감히 이 마음으로 대승기신론을 우리 시대의 우리말로 옮겨 보았습니다.

세상은 그냥 자신이 서 있는 자리에
뿌리내린 나무 일 뿐인데.
어찌 불법의 인연을 마다하랴.

2017년 봄의 한가운데 초파일에
정명 김성규

차 례

(1-0-0-0) 인연분
(1-1-0-0) 논을 지은 인연을 설하다
(1-2-0-0) 논을 지은 구체적 이유를 밝히다

(2-0-0-0) 입의분
(2-1-0-0) 대승의 법과 의를 함께 표하다
(2-2-0-0) 법이라는 것은 중생심이다
(2-2-1-0) 심진여상은 대승의 본체이다
(2-2-2-0) 심생멸상은 대승의 자체상용이다
(2-3-0-0) 의라는 것은 삼대이다
(2-3-1-0) 체, 상, 용 삼대를 설하다
(2-3-2-0)모든 불보살은 대승법을 굴리신다

(3-0-0-0) 해석분
(3-1-0-0) 해석분을 세 가지로 나누다
(3-2-0-0) 바른 뜻을 나타내 보이다
(3-2-1-0) 법과 의를 자세히 해석하다
(3-2-1-1) 입의분에서 세운 법을 해석하다
(3-2-1-1-1) 심진여문
(3-2-1-1-1-1) 이언진여를 설하다
(3-2-1-1-1-1-1) 심진여는 일법계대총상법문체이다
(3-2-1-1-1-1-2) 진여는 말과 생각 밖의 이름이다

(6-0-0-0) 회향게

(6-1-0-0) 회향게로 총결하다

(0-0-0-0) 귀경게

(0-0-0-0) 귀경게

(0-1-0-0) 귀경과 짓는 의도를 서술하다

(0-1-1-0) 삼보에 귀의하다

(0-1-1-1) 불보를 찬탄하다
시방세계에서 가장 수승한 업으로 두루 아시며 색이 걸림이 없이 자재하신 세상을 구제하는 대자대비 하신 부처님께 귀명합니다.

歸命盡十方, 最勝業遍知, 色無礙自在, 救世大悲者,

(0-1-1-2) 법보를 찬탄하다
그 몸의 형상이 법성인 진여의 바다에 귀명합니다.

及彼身體相, 法性真如海,

(0-1-1-3) 승보를 찬탄하다
한량없는 공덕을 갖추고 여실히 수행하는 이들께 귀명합니다.

無量功德藏, 如實修行等。

(0-2-0-0) 논을 지은 대의를 총괄적으로 표하다

(0-2-1-0) 중생을 교화하다
중생으로 하여금 의심을 제거하고 잘못된 집착을 버리게
한다.

為欲令衆生, 除疑捨邪執,

(0-2-2-0) 불도를 계승하다
이유는 대승의 바른 믿음을 일으켜 부처의 종자가 끊어
지지 않도록 하는 까닭이다.

起大乘正信, 佛種不斷故。

(0-3-0-0) 논체를 정립하다

(0-3-1-0) 논의 핵심을 세우다
논하기를, 일심법이 대승의 신심을 일으키므로, 이러한
까닭으로 마땅히 설한다.

論曰 : 有法能起摩訶衍信根, 是故應說。

(0-3-2-0) 논을 다섯 단락으로 분류하다
설명함에 다섯 가지 구분이 있다. 첫째는 인연분(因緣分)
이며, 둘째는 입의분(立義分)이며, 셋째는 해석분(解釋

分)이며, 넷째는 수행신심분(修行信心分)이며, 다섯째는
권수이익분(勸修利益分)이다.

云何爲五? 一者、因緣分, 二者、立義分, 三者、解釋分,
四者、修行信心分, 五者、勸修利益分。

(1-0-0-0) 인연분

(1-0-0-0) 인연분

(1-1-0-0) 논을 지은 인연을 설하다
처음에 인연분을 설한다.
묻기를,
"어떤 인연으로 이 논을 지었는가?"

답하기를,
"이 인연에는 여덟 가지가 있다.
첫째 인연의 총상(總相)이니, 이른바 중생으로 하여금 모든 괴로움을 여의고 구경열반의 즐거움을 얻게 함이며, 세속의 명리(名利)와 공경을 구하는 것이 아니다.
둘째 여래의 근본 뜻을 해석하여 모든 중생으로 하여금 바르게 알게 하여 어긋나지 않게 하는 까닭이다.
셋째 선근(善根)이 성숙한 중생으로 하여금 대승법을 감당하여 믿음에서 물러나지 않게 하는 까닭이다.
넷째 선근이 적은 중생으로 하여금 수행하여 신심을 익히게 하는 까닭이다.
다섯째 방편을 보여서 악한 업장을 녹이고 마음을 잘 지켜 어리석음과 교만함을 철저히 여의어 삿된 그물에서 벗어나도록 하는 까닭이다.
여섯째 지(止)와 관(觀)의 수습함을 나타내어 범부와 이승(二乘)의 마음의 허물을 대치(對治)하는 까닭이다.
일곱째 염불(念佛)에 일념하는 방편을 나타내어 부처님

전에 왕생하여 결정코 신심에서 물러나지 않도록 하는
까닭이다.
여덟째 이익을 보여줌으로써 수행을 권유하는 까닭이다.
이러한 인연이 있기 때문에 논을 짓는다."

初說因緣分。問曰:「有何因緣而造此論?」
答曰:「是因緣有八種。云何為八?
一者、因緣總相, 所謂為令衆生離一切苦得究竟樂, 非求
世間名利恭敬故。二者、為欲解釋如來根本之義, 令諸衆生
正解不謬故。三者、為令善根成熟衆生於摩訶衍法堪任不退
信故。四者、為令善根微少衆生修習信心故。五者、為示方便
消惡業障善護其心, 遠離癡慢出邪網故。六者、為示修習止
觀, 對治凡夫二乘心過故。七者、為示專念方便, 生於佛前
必定不退信心故。八者、為示利益勸修行故。有如是等因緣,
所以造論。」

(1-2-0-0) 논을 지은 구체적 이유를 밝히다
묻기를,
"경속에 이러한 법이 갖추어 있는데, 어찌하여 거듭 설
명해야 하는가?"

답하기를,
"경속에 비록 이러한 법이 있지만 중생의 근기와 수행이
같지 않으며, 받아 지녀 이해하는 인연(緣)도 다른 까닭

이다."
이른바 여래가 세상에 계실 때에는 중생의 근기가 영리하고 법을 설하는 사람도 색(色)과 심(心)의 업이 수승하여 원음(圓音)으로 한 번 연설하면 다른 종류의 중생들이 평등하게 이해하므로 논을 필요로 하지 않았다.

그러나 여래가 열반한 후에 어떤 중생은 능히 스스로의 힘으로 널리 듣고 이해하였으며, 어떤 중생은 능히 스스로의 힘으로 적게 듣고 많이 알기도 하였으며, 어떤 중생은 스스로의 힘은 없으나 많은 논에 의하여 이해하였으며, 어떤 중생은 광대한 논서의 많은 글을 번거롭게 여겨 마음으로 총지(總持)와 같이 글의 분량은 적지만 많은 뜻을 가진 것을 좋아하고 잘 이해하는 사람도 있었다.
이와같이 이 논은 여래의 광대하고 깊은 법의 한없는 뜻을 총섭하려는 까닭으로 이 논을 설명하는 것이다.

問曰：「修多羅中具有此法, 何須重說？」
答曰：「修多羅中雖有此法, 以衆生根行不等、受解緣別。
所謂如來在世衆生利根, 能說之人色心業勝, 圓音一演異類等解, 則不須論。
若如來滅後, 或有衆生能以自力廣聞而取解者；或有衆生亦以自力少聞而多解者；或有衆生無自心力因於廣論而得解者；自有衆生復以廣論文多為煩, 心樂總持少文而攝多義能取解者。如是此論, 為欲總攝如來廣大深法無邊義故, 應說此論。」

(2-0-0-0) 입의분

(2-0-0-0) 입의분

이미 인연분을 말하였으니, 다음에는 입의분(立義分)을 설명한다.

次說立義分。

(2-1-0-0) 대승의 법과 의를 함께 표하다

대승이란 총괄하여 설명하면 두 가지가 있다. 첫째는 법(法)이며, 둘째는 의(義)이다.

摩訶衍者, 總說有二種。云何為二? 一者、法, 二者、義。

(2-2-0-0) 법이라는 것은 중생심이다

법은 중생심(衆生心)을 말한다. 이 마음은 일체의 세간법(世間法)과 출세간법(出世間法)을 포괄하며, 이 마음에 의지하여 대승의 뜻을 나타내 보인다.

所言法者, 謂衆生心, 是心則攝一切世間法、出世間法。依於此心顯示摩訶衍義。

(2-2-1-0) 심진여상은 대승의 본체이다

왜냐하면 이 마음의 진여상(眞如相)은 대승의 체(體)를 나타내기 때문이다.

何以故？是心眞如相，即示摩訶衍體故；

(2-2-2-0) 심생멸상은 대승의 체에 대한 상용이다
이 마음의 생멸인연상(生滅因緣相)은 대승 자체의 상(相)과 용(用)을 나타내기 때문이다.

是心生滅因緣相，能示摩訶衍自體相用故。

(2-3-0-0) 의라는 것은 삼대이다
의(義)에는 세 가지 종류가 있다.

所言義者，則有三種。云何為三？

(2-3-1-0) 체, 상, 용 삼대를 설하다
첫째는 체대(體大)이니, 마음의 본체가 커서 일체법이 진여평등하여 증감이 없는 까닭이다. 둘째는 상대(相大)이니, 마음의 모양이 미묘하여 여래장(如來藏)이 한량없는 성품의 공덕을 구족한 까닭이다. 셋째는 용대(用大)이니, 마음의 작용이 무량하여 일체의 세간과 출세간의 선한 인과[善因果]를 내는 까닭이다.

一者、體大，謂一切法眞如平等不增減故。二者、相大，謂如來藏具足無量性功德故。三者、用大，能生一切世間、出世間善因果故。

(2-3-2-0)모든 불보살은 대승법을 굴린다

모든 부처님이 본래 이 대승법을 굴리는 까닭이며, 모든 보살이 이법에 의지하여 여래의 경지에 이르는 까닭이다.

一切諸佛本所乘故, 一切菩薩皆乘此法到如來地故。已說 立義分。

(3-0-0-0)해석분

(3-0-0-0) 해석분

이미 입의분(立義分)을 설명하였으니 다음에는 해석분(解釋分)을 설명한다.

次說解釋分。

(3-1-0-0) 해석분을 세 가지로 나누다

해석분에 세 가지가 있다. 첫째는 현시정의(顯示正義)이며, 둘째는 대치사집(對治邪執)이며, 셋째는 분별발취도상(分別發趣道相)이다.

解釋分有三種。云何爲三？一者、顯示正義，二者、對治邪執，三者、分別發趣道相。

(3-2-0-0) 바른 뜻을 나타내 보이다

(3-2-1-0) 법과 의를 자세히 해석하다

(3-2-1-1) 입의분에서 세운 법을 해석하다

바른 뜻을 나타내는 것은 일심법을 의지하여 두 가지 문이 있으니, 첫째는 심진여문(心眞如門)이며, 둘째는 심생멸문(心生滅門)이다.
이 두 가지 문이 각각 일체의 법을 총섭하고 있다. 이 뜻이 무엇인가? 이 두 문은 서로 여의지 않는 까닭이다. .

顯示正義者, 依一心法, 有二種門。云何為二？一者、心真如門, 二者、心生滅門。是二種門, 皆各總攝一切法。此義云何？以是二門不相離故。

(3-2-1-1-1) 심진여문

(3-2-1-1-1-1) 이언진여를 설하다

(3-2-1-1-1-1-1) 심진여는 일법계대총상법문체이다

심진여(心眞如)란 일법계(一法界) 중의 형상이 있는 모든 것에 대한[大總相] 법문(法門)의 본체(體)다.

이른바 심성은 생기지도 않고 멸하지도 않지만 일체의 모든 법이 오직 망념(妄念)에 의지하여 차별이 있으니, 만약 심념을 여의면 일체의 경계(境界)의 형상이 없어진다.

이러한 까닭으로 일체의 법이 본래의 언설(言說)의 모양을 여의었으며, 이름의 모양도 여의었고, 마음에 반연하는 모양을 여의어 필경에는 평등하게 되며, 변하거나 달라지는 것도 없으며 파괴할 수도 없는 것으로 오직 일심(一心)이니, 진여라 이름 하는 것이다.

왜냐하면 일체의 언설(言說)은 임시적인 이름일 뿐 실체가 없는 것으로 망념만 따를 뿐 그 실체를 얻을 수 없는 까닭이다.

心真如者, 即是一法界大總相法門體。所謂心性不生不

滅, 一切諸法唯依妄念而有差別, 若離妄念則無一切境
界之相。是故一切法從本已來, 離言說相、離名字相、離心緣
相, 畢竟平等、無有變異、不可破壞。唯是一心故名真如, 以
一切言說假名無實, 但隨妄念不可得故。

(3-2-1-1-1-1-2) 진여는 말과 생각 밖의 이름이다

진여라는 것도 모양이 없으니 언설(言說)의 궁극은 말에
의하여 말을 보내는 것이다. 진여의 본체는 버릴 만한 것
이 없으니 일체의 법이 모두 참이기 때문이다.
일체의 법이 모두 같기 때문에 주장할 만한 것이 없다. 그
래서 일체의 법은 말할 수도 없고 생각할 수도 없기 때문
에 진여라고 이름한 것이다.

言真如者, 亦無有相。謂言說之極因言遣言, 此真如體無
有可遣, 以一切法悉皆真故 ; 亦無可立, 以一切法皆同
如故。當知一切法不可說、不可念故, 名為真如。

(3-2-1-1-1-1-3) 집착 없이 수순해야 득입한다

묻기를,
만약 이와 같은 뜻이라면 모든 중생이 어떻게 수순(隨順)
하여야 득입할 수 있겠는가?

답하기를,
일체의 법이 설명되기는 하나 설명할 수도, 설명할 만

한 것도 없으며, 생각되기는 하나 역시 생각할 수도 생각할 만한 것도 없는 줄 알면 이를 수순이라고 하며, 이 생각을 여의는 것을 득입이라고 한다.

問曰 : 「若如是義者, 諸衆生等云何隨順而能得入 ?」
答曰 : 「若知一切法雖說, 無有能說可說, 雖念, 亦無能念可念, 是名隨順。若離於念, 名爲得入。」

(3-2-1-1-1-2) 의언진여를 설하다
또한 진여란 언설에 의하여 분별하면 두 가지 뜻이 있다. 첫째는 여실공(如實空)이니 구경에는 실체를 나타내는 까닭이며, 둘째는 여실불공(如實不空)이니 그 자체에 번뇌 없는 본성의 공덕을 구족하는 까닭이다.

復次, 眞如者, 依言說分別有二種義。云何爲二 ? 一者、如實空, 以能究竟顯實故。二者、如實不空, 以有自體, 具足無漏性功德故。

(3-2-1-1-1-2-1) 여실공은 허무함이 전무하다
여실공(空)이라고 말하는 것은 본래 일체의 염법(染法)과 상응하지 않기 때문이다. 말하자면 일체법의 차별되는 모양을 떠났으며, 허망한 심념(心念)이 없기 때문이다. 그러므로 진여의 자성은 모양이 있는 것도 아니며 모양이 없는 것도 아니며, 모양이 있지 않은 것도 아니며 모양이 없지 않은 것도 아니다. 유(有)와 무(無)를 함께 갖추었지만 모양도 아닌 것이며, 같은 모양도 아니며 다른 모양도 아니며, 같은 모양이 아닌 것도 아니며 다른 모양이 아닌 것도 아니며, 같고 다른 모양을 함께 갖춘 것도 아닌 것임을 알아야 한다.

전체적으로 말하면 일체의 중생은 허망한 마음이 있어서 생각할 때마다 분별하여 진여와 상응하지 않기 때문에 공(空)이라 하지만, 만약 허망한 마음을 여의면 실로 공이라 할 것도 없다.

所言空者, 從本已來一切染法不相應故, 謂離一切法差別之相, 以無虛妄心念故。當知真如自性, 非有相、非無相、非非有相、非非無相、非有無俱相, 非一相、非異相、非非一相、非非異相、非一異俱相。乃至總說, 依一切眾生以有妄心念念分別, 皆不相應故說為空, 若離妄心實無可空故。

(3-2-1-1-1-2-2) 불여실공은 청정법이 가득하다

불공(不空)이라는 것은 이미 법체가 공(空)하여 허망함이 없음을 나타냈기 때문에 이는 진심(眞心)이며, 진심은 항상하여 변하지 않고 청정한 법이므로 불공(不空)이라 말한다.

또한 모양을 가히 취할 수 없으니 망념을 여읜 경계는 오직 증득함으로써 상응하는 것이다.

所言不空者, 已顯法體空無妄故, 即是真心常恒不變淨法
滿足, 故名不空, 亦無有相可取, 以離念境界唯證相應故。

(3-2-1-1-2) 심생멸문
심생멸(心生滅)이란 여래장에 의하므로 생멸심이 있는
것이니, 이른바 불생불멸(不生不滅)이 생멸과 더불어 화
합하여, 같은 것도 아니고 다른 것도 아닌 것을 이름하여
아뢰야식(阿梨耶識)이라고 하는 것이다.

心生滅者, 依如來藏故有生滅心, 所謂不生不滅與生滅和
合, 非一非異, 名為阿梨耶識。

(3-2-1-1-2-1) 제법의 포섭과 발생을 널리 해석하다

(3-2-1-1-2-1-0) 아뢰야식을 해석하다
아뢰야식(識)은 두 가지 뜻이 있으니 일체법을 포섭하며,
일체법을 내기도 한다.

此識有二種義, 能攝一切法、生一切法。

(3-2-1-1-2-1-1) 생멸심의 각과 불각을 해석하다
생멸심에는 두 가지가 있으니 첫째는 각(覺)의 뜻이고,

둘째는 불각(不覺)의 뜻이다.

云何爲二？一者、覺義，二者、不覺義。

(3-2-1-1-2-1-1-1-1) 각의 뜻을 네 가지로 풀이하다

(3-2-1-1-2-1-1-1-1) 본각과 시각을 함께 설하다
각(覺)의 뜻은 심체(心體)가 망념을 여읜 것을 말함이니, 망념을 여읜 모양은 허공(虛空)과 같아서 두루 하지 않는 곳이 없어 법계가 한 모양이다. 이것이 여래의 평등한 법신이니, 이것을 본각(本覺)이라고 말하는 것이다.

왜냐하면 본각의 뜻은 시각(始覺)의 뜻에 대하여 말한 것이니 그러므로 시각이라는 것은 바로 본각과 같다.

시각의 뜻은 본각에 의지하기 때문에 불각(不覺)이 있으며 불각에 의지하는 까닭으로 시각이 있다고 말하는 것이다.

所言覺義者，謂心體離念。離念相者，等虛空界無所不遍，法界一相即是如來平等法身，依此法身說名本覺。何以故？本覺義者，對始覺義說，以始覺者即同本覺。始覺義者，依本覺故而有不覺，依不覺故說有始覺。

(3-2-1-1-2-1-1-1-2) 시각을 사상으로 밝히다

또 마음의 근원을 깨달은 까닭으로 구경각(究竟覺)이라 하고, 마음의 근원을 깨닫지 못한 까닭으로 구경각이 아니라고 한다.

又以覺心源故名究竟覺, 不覺心源故非究竟覺。此義云何?

(3-2-1-1-2-1-1-1-2-1) 불각을 밝히다

무릇 사람은 앞 생각에 악이 일어난 것을 알기 때문에 뒤에 일어나는 생각을 그치게 하여 그 악의 생각이 일어나지 않게 한다. 이것을 각(覺)이라고 말은 하지만 곧 불각(不覺)이 된다.

如凡夫人覺知前念起惡故, 能止後念令其不起, 雖復名覺, 即是不覺故。

(3-2-1-1-2-1-1-1-2-2) 상사각을 밝히다

이승(二乘)의 관지(觀智)와 처음 마음을 낸 보살은 생각[念]의 다른 모양을 일으키는 바탕을 깨달아서 생각에 다른 모양이 없다는 것을 안다.
이와 같은 추분별집착상은 거칠게 분별하는 집착의 바탕[麤分別執著相]을 버리는 까닭으로 상사각(相似覺)이라한다.

；如二乘觀智、初發意菩薩等，覺於念異，念無異相，以捨麁分別執著相故，名相似覺

(3-2-1-1-2-1-1-1-2-3) 수분각을 밝히다

법신보살(法身菩薩)은 생각의 머무는 바를 깨달아서 생각에 머무는 모양이 없음을 안다. 분별추념상은 분별하는 거친 모양의 생각[分別麤念相]을 여읜 까닭으로 수분각이라 한다.

；如法身菩薩等，覺於念住，念無住相，以離分別麁念相故，名隨分覺

(3-2-1-1-2-1-1-1-2-4) 구경각을 밝히다

보살지(菩薩地)가 다한 사람은 방편에 만족하여 한 생각이 상응하여 마음이 처음 일어나는 것을 깨달아서 마음에 처음 모양이 없음을 안다.
미세한 생각마저 멀리 여읜 까닭으로 마음의 성품을 볼 수 있게 되어 마음이 항상 머무르기에 구경각(究竟覺)이라 말한다.

그러므로 경에서 '만약 어떤 중생이 무념(無念)을 관할 수 있다면 곧 불지(佛智)에 향함이 된다'고 말하였다.

；如菩薩地盡，滿足方便一念相應，覺心初起心無初相，

以遠離微細念故得見心性，心即常住，名究竟覺。是故修
多羅說：「若有眾生能觀無念者，則為向佛智故。」

(3-2-1-1-2-1-1-1-3) 시각이 본각과 같음을 설하다

또 마음이 일어난다는 것은 처음 모양을 알 수 있는 것은
없지만 그러나 처음 모양을 안다고 말하는 것은 곧 무념
을 말하는 것이다.
이러한 까닭으로 일체 중생을 깨달았다고 말하지 못하는
것은 본래부터 생각 생각마다 상속하여 아직까지 망념을
떠나 본 적이 없기 때문이다. 이를 무시무명(無始無明)이
라 한다.

무념을 얻은 자는 망념이 없어 심상(心相)의 생하고, 머
무르고, 변하고, 멸함[生住異滅]을 알게 되어 무념(無念)
과 같아진다.

실제로 시각(始覺)의 차별이 없어지면 사상(四相)이 동시
에 있어서 모두 자립함이 없으며 본래 평등하여 각(覺)인
것이다.

又心起者，無有初相可知，而言知初相者，即謂無念。是
故一切眾生不名為覺，以從本來念念相續未曾離念故，
說無始無明。若得無念者，則知心相生住異滅。以無念等
故，而實無有始覺之異，以四相俱時而有皆無自立，本來

平等同一覺故。

(3-2-1-1-2-1-1-1-4) 본각을 자세히 설하다

(3-2-1-1-2-1-1-1-4-1) 수염본각을 밝히다
또한 본각이 오염된 분별을 따라서 두 가지의 모양을 내지만 본각과 더불어 서로 버리거나 여의지 않는다. 첫째는 지정상이고 둘째는 부사의업상이다.

復次, 本覺隨染, 分別生二種相, 與彼本覺不相捨離。云何爲二? 一者、智淨相, 二者、不思議業相。

(3-2-1-1-2-1-1-1-4-1-1) 지정상을 밝히다
지정상이라는 것은 법력의 훈습에 의지하여 여실히 수행하여, 방편을 만족하는 까닭으로, 화합식의 모양을 깨뜨리고 상속상의 모양을 없애 법신을 나타내어, 지혜가 순정하게 된다.

이 뜻은 어떠한가?
일체 심식의 모양은 모두 무명이다. 무명의 모양은 깨달음의 성품의 모양을 여의지 않으니 무너지는 것도 아니며 무너지지 않는 것도 아니다.

마치 큰 바다의 물이 바람으로 인하여 파도가 움직여 물의 모양과 바람의 모양이 서로 버리지 않고 여의지 않지만, 물은 움직이는 성질이 아닌 것이다.

만약에 바람이 그치면 움직이는 모양은 바로 없어지지만 습성은 무너지지 않는 까닭이다.

이와 같아서 중생의 자성청정심이 무명풍으로 인하여 움직이지만 마음과 무명 모두 형상이 없어서 서로 떠나지 않고 여의지 않지만, 마음은 움직이는 성질이 아닌 것이다.

이러한 까닭에 만약 무명이 없어지면 상속함이 없어지지만 지성은 무너지지 않는다.

智淨相者, 謂依法力熏習, 如實修行, 滿足方便故, 破和合識相, 滅相續心相, 顯現法身, 智淳淨故。此義云何？以一切心識之相皆是無明, 無明之相不離覺性, 非可壞非不可壞。如大海水因風波動, 水相風相不相捨離, 而水非動性, 若風止滅動相則滅, 濕性不壞故。如是衆生自性淸淨心, 因無明風動, 心與無明俱無形相、不相捨離, 而心非動性。若無明滅相續則滅, 智性不壞故。

(3-2-1-1-2-1-1-1-4-1-2) 부사의업상을 밝히다
부사의업상(不思議業相)이라는 것은 지정상(智淨相)인 지혜가 깨끗한 모양에 의지하여 일체의 수승하고 미묘한 경계를 짓는 것이다.
그래서 한량없는 공덕의 모양이 항상 끊어짐이 없어서
중생의 근기에 따라 자연히 상응하여 갖가지로 나타나서
이익을 얻게 하는 것이다.

不思議業相者, 以依智淨能作一切勝妙境界, 所謂無量功
德之相常無斷絶, 隨衆生根自然相應, 種種而見, 得利
益故。

(3-2-1-1-2-1-1-1-4-2) 성정본각을 밝히다
다음의 각체상(覺體相: 성정본각의 체가 지니는 상)에는
네 가지의 큰 뜻이 있어서 허공과 같으며, 마치 깨끗한 거
울과도 같다.

復次, 覺體相者, 有四種大義, 與虛空等, 猶如淨鏡。云
何為四 ? 一

(3-2-1-1-2-1-1-1-4-2-1) 여실공경을 밝히다
첫째 여실공경(如實空鏡)은 여실히 공한 거울이니 모든
마음의 경계상을 멀리 여의어 나타낼 만한 법이 없기에
깨닫고 비추는 뜻이 아니다.

一者,如實空鏡。遠離一切心境界相, 無法可現, 非覺照義故。

(3-2-1-1-2-1-1-1-4-2-2) 인훈습경을 밝히다

둘째 인훈습경(因熏習鏡)은 인을 훈습하는 거울이니 여실히 공하지 않다[如實不空]. 일체 세간의 경계가 모두 그 가운데 나타나되 나가지도 않고 들어가지도 않으며, 잃지도 않고 무너지지도 않아서 항상 일심에 머무니, 일체법이 곧 진실성이기 때문이다.

또 일체의 염법으로 오염시킬 수 없는 것이기 때문에 지혜의 자체는 움직이지 않지만, 무루(無漏)를 구족하여 중생을 훈습하는 까닭이다.

二者, 因熏習鏡。謂如實不空, 一切世間境界悉於中現, 不出不入、不失不壞, 常住一心, 以一切法即眞實性故 ; 又一切染法所不能染, 智體不動, 具足無漏熏衆生故。

(3-2-1-1-2-1-1-1-4-2-3) 법출리경을 밝히다

셋째 법출리경(法出離鏡)은 법에서 멀리 떠나는 거울이니 공하지 않는 법이다. 불공법(不空法)이 번뇌애(煩惱礙)와 지애(智礙)를 벗어나고 화합상을 여의어 순박하고 깨끗하고 밝은 까닭이다.

三者, 法出離鏡。謂不空法, 出煩惱礙、智礙, 離和合相, 淳淨明故。

(3-2-1-1-2-1-1-1-4-2-4) 연훈습경을 밝히다

넷째 연훈습경(緣熏習鏡)은 연을 훈습하는 거울이니 법을 멀리 떠나 의지하기 때문에 중생의 마음을 두루 비추어서 선근을 닦게 하여 생각에 따라 나타나는 까닭이다.

四者、緣熏習鏡。謂依法出離故,　遍照衆生之心,　令修善根,　隨念示現故。

(3-2-1-1-2-1-1-2) 불각의를 세 가지로 설하다

(3-2-1-1-2-1-1-2-1) 근본불각을 설하다
불각(不覺)의 뜻은 진여법이 하나임을 여실히 알지 못하는 것으로 불각의 마음이 일어나서 그 망념이 있게 된 것이다.

그러나 망념은 자상(自相)이 없어서 본각을 여의지 않지만, 방향을 잃은 사람은 혼미하게 된다. 만약 방향을 여읜다면 혼미함이 없어지는 것과 같다.

중생도 그와 같아서 각(覺)에 의지하기 때문에 혼미하게 되지만, 만약 각의 성질을 여의면 불각은 없어지게 된다.

불각의 망상심이 있기 때문에 명칭과 의의[名義]를 알아서 진각(眞覺)이라고 말하는 것이니, 만약 불각의 마음을 여읜다면 진각의 자상(自相)도 없게 된다.

所言不覺義者，謂不如實知真如法一故，不覺心起而有
其念，念無自相不離本覺，猶如迷人依方故迷，若離於方
則無有迷。衆生亦爾，依覺故迷，若離覺性則無不覺，以
有不覺妄想心故，能知名義為說真覺。若離不覺之心，則
無真覺自相可說。

(3-2-1-1-2-1-1-2-2) 지말불각을 설하다

(3-2-1-1-2-1-1-2-2-1) 삼세를 밝히다
다시 불각(不覺)에 의지하기 때문에 세 가지의 모양이 생
겨서 불각과 더불어 상응하여 여의지 않는다.

復次，依不覺故生三種相，與彼不覺相應不離。云何為三？

(3-2-1-1-2-1-1-2-2-1-1) 무명업상을 밝히다
첫째는 무명업상(無明業相)이니, 불각에 의지하기 때문
에 마음이 움직이므로 업상이라고 한다.
깨달으면 움직이지 않고 움직이면 괴로움이 있게 되니,
결과가 원인을 여의지 않는 까닭이다.

一者、無明業相。以依不覺故心動，說名為業；覺則不動。動
則有苦，果不離因故。

(3-2-1-1-2-1-1-2-2-1-2) 능견상을 밝히다

둘째는 능견상(能見相)이니, 움직임에 의지하기 때문에 능히 볼 수 있게 되며, 움직이지 않으면 보이는 것이 없다.

二者、能見相。以依動故能見；不動則無見。

(3-2-1-1-2-1-1-2-2-1-3) 경계상을 밝히다

셋째는 경계상(境界相)이니, 능견상(能見相))에 의지하기 때문에 경계가 허망하게 나타나므로 능견(能見)을 여의면 경계가 없어지게 된다.

三者、境界相。以依能見故境界妄現；離見則無境界。

(3-2-1-1-2-1-1-2-2-2) 육추를 밝히다

경계의 연(緣)이 있기 때문에 다시 여섯 가지의 모양을 낸다.
지상, 상속상, 집취상, 계명자상, 기업상, 업계고상을 말한다.

以有境界緣故，復生六種相。云何為六？

(3-2-1-1-2-1-1-2-2-2-1) 지상를 밝히다

첫째는 지상(智相)이니, 경계상에 의지하여 마음이 좋아하고 좋아하지 않음을 분별하기 때문이다.

一者、智相。依於境界，心起分別愛與不愛故。

(3-2-1-1-2-1-1-2-2-2-2) 상속상를 밝히다
둘째는 상속상(相續相)이니, 지상(智相)에 의지하기 때문에 고락(苦樂)을 느끼는 마음을 내어 생각을 일으켜 상응하여 끊어지지 않기 때문이다.

二者相續相。依於智故生其苦樂，覺心起念相應不斷故。

(3-2-1-1-2-1-1-2-2-2-3) 집취상를 밝히다
셋째는 집취상(執取相)이니, 상속상에 의지하여 경계를 반연하여 생각하고 고락에 머물러서 마음에 집착을 일으키기 때문이다.

三者、執取相。依於相續緣念境界，住持苦樂，心起著故。

(3-2-1-1-2-1-1-2-2-2-4) 계명자상를 밝히다
넷째는 계명자상(計名字相)이니, 허망한 집착에 의지하여 가짜 명칭과 언설의 모양을 분별하기 때문이다.

四者、計名字相。依於妄執，分別假名言相故。

(3-2-1-1-2-1-1-2-2-2-5) 기업상를 밝히다
다섯째는 기업상(起業相)이니 계명자상에 의지하여 이름

을 따라가면서 집착하여 여러 가지의 업을 짓기 때문이다.

五者、起業相。依於名字，尋名取著，造種種業故。

(3-2-1-1-2-1-1-2-2-6) 업계고상를 밝히다
여섯째는 업계고상(業繫苦相)으로 업에 의한 괴로움에
얽매이는 상이니, 기업상에 의지하여 과보를 받아 자재
하지 못하기 때문이다.

六者、業繫苦相。以依業受果不自在故。

(3-2-1-1-2-1-1-2-3) 근본불각과 지말불각을 총결하다
무명이 모든 염법을 내는 것을 마땅히 알아야 한다. 왜냐
하면 모든 염법은 불각(不覺)의 모양이기 때문이다.

當知無明能生一切染法，以一切染法皆是不覺相故。

(3-2-1-1-2-1-1-3) 각과 불각의 동이를 설하다
각(覺)과 불각(不覺)에는 두 가지의 모양(相)이 있다.
첫째는 같은 모양[同相]이고, 둘째는 다른 모양[異相]
이다.

復次，覺與不覺有二種相。云何為二？一者、同相，二者、異相。

(3-2-1-1-2-1-1-3-1) 동상을 밝히다

같은 모양[同相]이라는 것은 비유하자면 여러 가지의 질그릇이 모두 같은 흙[微塵]의 성품의 모양[性相]인 것처럼 무루(無漏)와 무명(無明)과 여러 가지 업환(業幻)이 같은 진여의 성상인 것이다.

[같은 모양이라는 것은 여러 가지 형상의 질그릇이 같은 흙으로 빚어졌듯이, 각과 불각과 무루와 무명과 여러 가지 업환도 진여의 성품인 것이다.]

그러므로 경 가운데 이 진여의 뜻에 의지하는 까닭은 '일체의 중생이 본래 항상 머물러서 열반에 들어 있으며, 보리의 법은 닦을 수 있는 모양이 아니며 지을 수 있는 모양도 아니고 끝내 얻을 수 없는 것이다. 또한 색상(色相)을 볼 수 없다고 하였다.

그러나 색상을 보는 것은 오직 오염된 업환(業幻)에 따라 지은 것이며 지색의 불공[智色不空]의 성질이 아니므로 지상(智相)을 볼 수 없는 까닭이다.'라고 하였다.

同相者, 譬如種種瓦器皆同微塵性相, 如是無漏無明種種業幻皆同真如性相。是故修多羅中依於此真如義故, 說一切衆生本來常住入於涅槃, 菩提之法非可修相、非可作相, 畢竟無得, 亦無色相可見；而有見色相者, 唯是隨染業幻所作, 非是智色不空之性, 以智相無可見故。

(3-2-1-1-2-1-1-3-2) 이상을 밝히다

다른 모양[異相]이라고 말한 것은 여러 가지 질그릇이 같지 않은 것처럼 무루와 무명이 오염된 환을 따르는 차별이며, 자성이 오염된 환의 차별인 까닭이다.
[다른 모양이라는 것은 여러 가지 형상의 질그릇이 모두 흙으로 빚어졌지만 각각 다른 인연에 따라 다른 형상으로 만들어진 것이다.]

異相者, 如種種瓦器各各不同, 如是無漏無明隨染幻差別, 性染幻差別故。

(3-2-1-1-2-1-2) 심생멸의 인연을 해석하다

(3-2-1-1-2-1-2-1) 생멸인연의 뜻을 설하다

또한 생멸인연(生滅因緣)이라는 것은 이른바 중생은 마음[心]에 의지하여 의(意)와 의식(意識)이 전변하기 때문이다.

復次, 生滅因緣者, 所謂衆生依心. 意. 意識轉故。

(3-2-1-1-2-1-2-1-1) 심에 의지함을 밝히다

마음에 의지함이란 아뢰야식에 의지하여 무명이 있다고 설한다.

此義云何？以依阿梨耶識說有無明

(3-2-1-1-2-1-2-1-2) 의에 유전함을 밝히다
불각(不覺)이 일어나서 능히 보고 나타나며 경계를 취하며 망념을 일으켜 상속하기에 '의(意)'라고 말한다. 이 의(意)에는 다섯 가지의 이름이 있다.

不覺而起, 能見、能現、能取境界, 起念相續, 故說為意。此意復有五種名。云何為五？

(3-2-1-1-2-1-2-1-2-1) 업식을 밝히다
첫째는 업식(業識)이라고 이름하니, 무명의 힘으로 불각의 마음이 움직인 까닭이다.

一者、名為業識, 謂無明力不覺心動故。

(3-2-1-1-2-1-2-1-2-2) 전식을 밝히다
둘째는 전식(轉識)이라고 이름하니, 움직인 마음에 의지하여 능히 보는 모양인 까닭이다.

二者、名為轉識, 依於動心能見相故。

(3-2-1-1-2-1-2-1-2-3) 현식을 밝히다
셋째는 현식(現識)이라고 이름하니, 일체의 경계를 나타내는 것이 마치 밝은 거울이 물체의 형상을 나타내는 것과 같다. 현식도 또한 그러하여 다섯 가지 경계를 따라서 대상이 부딪히면 곧 나타난다. 앞뒤가 없다. 왜냐하면 언제든지 임의로 일어나서 항상 앞에 있기 때문이다.

三者、名爲現識，所謂能現一切境界，猶如明鏡現於色像；現識亦爾，隨其五塵對至，即現無有前後，以一切時任運而起常在前故。

(3-2-1-1-2-1-2-1-2-4) 지식을 밝히다
넷째는 지식(智識)이라고 이름하니, 염법(染法)과 정법(淨法)을 분별하기 때문이다.

四者、名爲智識，謂分別染淨法故。

(3-2-1-1-2-1-2-1-2-5) 상속식을 밝히다
다섯째는 상속식(相續識)이라고 이름하니, 망념이 상응하여 끊어지지 않기 때문이다. 과거 한량없는 세상에서 선악의 업을 간직하여 잃어버리지 않는 까닭이며,

또 현재와 미래의 고락 등의 과보를 성숙시켜 어긋남이 없는 까닭으로 현재에 이미 지나간 일을 문득 생각하게 하고 미래의 일을 알지도 못하면서 망령되이 염려하게 한다.

그래서 삼계(三界)는 허망한 것이며, 오직 마음이 지은 것이니, 마음을 여의면 육진의 경계도 사라지게 된다.

그러므로 일체법이 모두 마음으로부터 일어나 망령으로 생겨난 것이니 일체의 분별은 곧 스스로의 마음을 분별한 것이며,

마음은 마음을 볼 수 없기에 모양을 가히 얻을 수 없다.

세간의 모든 경계는 중생의 무명의 허망한 마음에 의지하여 머무름을 얻는다.

그러므로 일체법은 거울 속의 형상과 같아서 본체를 가히 얻을 수 없고 오직 마음일 뿐 허망한 것이다. 왜냐하면 마음이 생기면 갖가지의 법이 생기고 마음이 없어지면 갖가지의 법이 없어지기 때문이다.

五者、名為相續識, 以念相應不斷故, 住持過去無量世等善惡之業令不失故, 復能成熟現在未來苦樂等報無差違故, 能令現在已經之事忽然而念, 未來之事不覺妄慮。是故三界虛僞唯心所作, 離心則無六塵境界。此義云何？以一切法皆從心起妄念而生, 一切分別即分別自心, 心不見心無相可得。當知世間一切境界, 皆依衆生無明妄心而得住持, 是故一切法, 如鏡中像無體可得, 唯心虛妄。以心生則種種法生, 心滅則種種法滅故。

(3-2-1-1-2-1-2-1-3) 의식의 유전함을 밝히다
또한 의식(意識)이라는 것은 곧 상속식이니 범부의 취착함이 점점 깊어져서 나[我]와 나의 것[我所]을 따지고 여러 가지 허망된 집착으로 일을 따라 반연하여 육진(六塵) 경계를 분별하므로 의식이라고 말한다.
또한 분리식(分離識)이라고도 이름하고 다시 분별사식(分別事識: 사물을 분별하는 식)이라고도 이름하니, 이 식이 견애번뇌(見愛煩惱)를 의지하여 증장한다는 뜻이다.

復次, 言意識者, 卽此相續識, 依諸凡夫取著轉深計我我所, 種種妄執隨事攀緣, 分別六塵名爲意識, 亦名分離識。又復說名分別事識, 此識依見愛煩惱增長義故。

(3-2-1-1-2-1-2-2) 인연의 체상을 설하다

(3-2-1-1-2-1-2-2-1) 인연의 깊은 도리를 밝히다
무명의 훈습에 의지하여 일어나는 식(識)은 범부가 능히 알 수 있는 것이 아니며, 또한 이승(二乘)의 지혜로 깨닫는 것도 아니다. 이는 보살이 처음 바른 믿음을 발심하여 관찰함을 의지하여 법신(法身)을 증득해도 조금 알게 되며 나아가 보살의 구경지(究竟地)에 이른다 하더라도 다 알 수 없으며 오직 부처만이 다 알 수가 있다.

왜냐하면 본래부터 자성(自性)은 청정하지만 무명이 있

어서 이 무명에 의하여 물들게 되어 염심(染心)이 있는
것이다.
비록 오염된 마음이 있지만 항상 변하지 않는 까닭으로
이 뜻은 오직 부처만이 알 수 있는 것이다.

依無明熏習所起識者, 非凡夫能知, 亦非二乘智慧所覺。
謂依菩薩, 從初正信發心觀察, 若證法身得少分知, 乃至
菩薩究竟地不能知盡, 唯佛窮了。何以故？是心從本已來
自性清淨而有無明, 為無明所染, 有其染心。雖有染心而
常恒不變, 是故此義唯佛能知。

(3-2-1-1-2-1-2-2-2) 인연의 차별된 상태를 밝히다

(3-2-1-1-2-1-2-2-2-1) 심성인의 체상을 밝히다
이른바 심성(心性)이 항상 무념인 까닭으로 불변(不變)이
라 이름한다.

所謂心性常無念故名為不變,

(3-2-1-1-2-1-2-2-2-2) 무명연의 체상을 밝히다
하나의 법계(法界)임을 알지 못하기 때문에 마음이 상응
하지 못하여 홀연히 망념이 일어나는 것을 무명이라 하
는 것이다.

以不達一法界故心不相應, 忽然念起名為無明。

(3-2-1-1-2-1-2-2-2-3) 염심의 여섯 가지를 밝히다
염심(染心)에는 여섯 가지가 있다.

染心者有六種。云何為六?

(3-2-1-1-2-1-2-2-2-3-1) 집상응염을 밝히다
첫째 집상응염(執相應染)은 집착으로 상응하는 오염이니, 성문 연각의 이승(二乘)의 해탈과 믿음에 상응하는 경지[信相應地]에 의지하여 집착을 멀리 여의게 된다.

一者、執相應染, 依二乘解脫及信相應地遠離故。

(3-2-1-1-2-1-2-2-2-3-2) 부단상응염을 밝히다
둘째 부단상응염(不斷相應染)은 끊어지지 않고 상응하는 오염이니, 신상응지에 의지하여 방편을 수학(修學)하여 점차로 버릴 수 있으며 정심지(淨心地)에 이르러서 완전히 여의게 된다.

二者、不斷相應染, 依信相應地修學方便漸漸能捨, 得淨心地究竟離故。

(3-2-1-1-2-1-2-2-2-3-3) 분별지상응염을 밝히다

셋째 분별지상응염(分別智相應染)은 분별하여 알아 상응하는 오염이니, 구계지(具戒地)에 의지하여 점차로 여의며 이에 무상방편지(無相方便地)에 이르러야 완전히 여의게 된다.

三者、分別智相應染, 依具戒地漸離, 乃至無相方便地究竟離故。

(3-2-1-1-2-1-2-2-2-3-4) 현색불상응염을 밝히다
넷째 현색불상응염(現色不相應染)은 현색에 상응하지 않는 오염이니, 색자재지(色自在地)에 의지하여야 여의게 된다.

四者、現色不相應染, 依色自在地能離故。

(3-2-1-1-2-1-2-2-2-3-5) 능견심불상응염을 밝히다
다섯째 능견심불상응염(能見心不相應染)은 능견의 마음에 상응하지 않는 오염이니, 심자재지(心自在地)에 의지하여야 여의게 된다.

五者、能見心不相應染, 依心自在地能離故。

(3-2-1-1-2-1-2-2-2-3-6) 근본업불상응염을 밝히다
여섯째 근본업불상응염(根本業不相應染)은 근본업에 상

응하지 않는 오염이니, 보살지(菩薩地)의 다함에 의지하여 부처의 경지에 들어 여래지(如來地)에서만 여읠 수 있다.

六者、根本業不相應染, 依菩薩盡地得入如來地能離故。

(3-2-1-1-2-1-2-2-2-4) 무명을 끊는 지위를 밝히다
일법계(一法界)의 뜻을 분명히 알지 못한다는 것은 신상응지(信相應地)로부터 관찰하여 배우고 끊으며 정심지(淨心地)에 들어가 분수에 따라 여의게 되며 여래지(如來地)에 이르러서야 완전히 여의게 된다.

不了一法界義者, 從信相應地觀察學斷, 入淨心地隨分得離, 乃至如來地能究竟離故。

(3-2-1-1-2-1-2-2-2-5) 상응과 불상응을 밝히다

(3-2-1-1-2-1-2-2-2-5-1) 상응을 밝히다
상응의(相應義)라 한 것은 심(心)과 염법(念法)이 달라서 물듦과 깨끗함[染淨]의 차별을 의지하여 지상(知相)과 연상(緣相)이 같음을 말하기 때문이다.

言相應義者, 謂心念法異, 依染淨差別, 而知相緣相同故。

(3-2-1-1-2-1-2-2-2-5-2) 불상응을 밝히다

불상응의(不相應義)란 곧 마음이 불각(不覺)이라 항상 차별의 다름이 없어서 지상(知相)과 연상(緣相)이 같지 않음을 말하기 때문이다.

不相應義者, 謂卽心不覺常無別異, 不同知相緣相故。

(3-2-1-1-2-1-2-2-2-6) 지애와 번뇌애를 밝히다

(3-2-1-1-2-1-2-2-2-6-1) 염심은 번뇌애다
또 염심(染心)의 뜻을 번뇌애(煩惱礙)라고 하니 능히 진여의 근본지(根本智)를 막는 까닭이다.

又染心義者, 名爲煩惱礙, 能障真如根本智故。

(3-2-1-1-2-1-2-2-2-6-2) 무명은 지애다
무명의 뜻을 지애(智礙)라고 하니 세간의 자연업지(自然業智)를 막는 까닭이다.
염심(染心)에 의지하여 보고 나타내며 경계를 망령되이 취착하여 평등성을 어기는 까닭이다.
일체법(一切法)이 항상 고요하여 일어나는 모양은 없으나 무명으로 깨닫지 못하여 망령되이 법성과 어긋나기 때문이다. 그래서 세간의 모든 경계에 수순하는 여러 가지 지혜를 얻을 수 없다.

無明義者，名爲智礙，能障世間自然業智故。此義云何？
以依染心能見、能現、妄取境界，違平等性故。以一切法常靜
無有起相，無明不覺妄與法違故；不能得隨順世間一切境
界種種智故。

(3-2-1-1-2-1-3) 심생멸의 모양을 해석하다

(3-2-1-1-2-1-3-1) 추세생멸의 모양을 설하다
또한 생멸상(生滅相)을 분별하여 두 가지가 있다.

첫째 추(麤)는 거친 번뇌이니 마음과 더불어 상응하며,
둘째는 세(細)로서 미세한 번뇌이니 마음과 더불어 상응
하지 않는다.
또 거친 중에 거친 번뇌는 범부의 경계이며, 거친 가운데
미세한 번뇌와 미세한 가운데 거친 번뇌는 보살의 경계
이며, 미세한 가운데 미세한 번뇌는 부처의 경계이다.

復次，分別生滅相者，有二種。云何爲二？一者、麤，與心
相應故。二者、細，與心不相應故。又麤中之麤，凡夫境界；
麤中之細及細中之麤，菩薩境界；細中之細，是佛境界。

(3-2-1-1-2-1-3-2) 추세생멸의 뜻을 설하다
이 두 가지 생멸(生滅)이 무명의 훈습에 의지하니, 이른
바 인(因)에 의지하고 연(緣)에 의지한다. 인에 의지한다

는 것은 불각의 뜻이고, 연에 의지한다는 것은 망령되이 경계를 짓는 뜻이다.

만약 인이 멸하면 연도 멸하는 것이며, 인이 멸하기 때문에 불상응심(不相應心)이 멸하고 연이 멸하기 때문에 상응심(相應心)이 멸하는 것이다.

묻기를,
"만약 마음이 멸한다면 어떻게 상속하며, 상속한다면 어떻게 멸하는지 말할 수 있겠는가?"

답하기를,
"멸한다는 것은 오직 심상(心相)만 멸하는 것이며 심체(心體)가 멸하는 것이 아니다.
이는 바람이 바닷물에 의지하여 움직이는 모양인 파도를 만드는 것처럼, 만약 바닷물이 없어지면 바람의 모양이 끊어져서 의지할 바가 없어서 그치겠지만(파도는 없어지지만) 바닷물이 없어지지 않으므로 바람의 모양은 상속하는 것이다.
오직 바람이 멸하기 때문에 물의 움직임인 파도도 따라서 멸하지만 바닷물이 멸하는 것이 아닌 것과 같다.

무명도 또한 그러하여 심체에 의지하여 움직이지만, 만약 심체가 멸하면 중생이 끊어져서 의지할 바가 없지만 심체가 멸하지 않으므로 마음이 상속하는 것이며, 오직 무명만 멸하기 때문에 심상이 따라서 멸하지만 심지(心智)가 멸하는 것은 아니다."

此二種生滅，依於無明熏習而有，所謂依因、依緣。依因者，不覺義故；依緣者，妄作境界義故。若因滅則緣滅，因滅故不相應心滅，緣滅故相應心滅。
問曰：「若心滅者，云何相續？若相續者，云何說究竟滅？」
答曰：「所言滅者，唯心相滅，非心體滅。如風依水而有動相。若水滅者，則風相斷絕無所依止。以水不滅，風相相續，唯風滅故動相隨滅，非是水滅。無明亦爾，依心體而動，若心體滅，則衆生斷絕無所依止。以體不滅，心得相續，唯癡滅故心相隨滅，非心智滅。」

(3-2-1-1-2-2) 제법의 발생을 재차 해석하다

(3-2-1-1-2-2-1) 염정훈습을 함께 설하다
네 가지 법의 훈습하는 뜻이 있기 때문에 물듦법[染法]과 깨끗한 법[淨法]이 일어나 끊어지지 않는 것이다.

復次，有四種法熏習義故，染法、淨法起不斷絕。云何為四？

(3-2-1-1-2-2-1-1) 진여훈습을 밝히다
첫째 청정한 법이니 진여훈습이라 말한다.

一者、淨法，名為眞如。

(3-2-1-1-2-2-1-2)무명훈습을 밝히다
둘째 일체 오염의 원인이니 무명훈습이라 말한다.

二者、一切染因，名為無明。

(3-2-1-1-2-2-1-3) 업식훈습을 밝히다
셋째 허망한 마음이니 업식훈습이라 말한다.

三者、妄心，名為業識。

(3-2-1-1-2-2-1-4) 육진훈습을 밝히다
넷째 망경계(妄境界)니 육진(六塵)훈습이라 말한다.

四者、妄境界、所謂六塵。

(3-2-1-1-2-2-2) 훈습의 뜻을 설하다
 훈습의 뜻이란 마치 세간의 의복이 실제는 향기가 없지만 만약 사람이 향기로 훈습하면 그로 인해 향기가 있는 것과 같다.

이와 같아서 진여의 청정한 법은 실제로 오염[染]이 없지만 다만 무명으로 훈습하기 때문에 곧 오염된 모양이 있

고, 무명염법(無明染法)은 실제로 청정한 업이 없지만 다
만 진여로 훈습하기 때문에 청정한 작용이 있다.

熏習義者, 如世間衣服實無於香, 若人以香而熏習故則有
香氣。此亦如是, 真如淨法實無於染, 但以無明而熏習故則
有染相。無明染法實無淨業, 但以真如而熏習故則有淨用。

(3-2-1-1-2-2-3) 훈습의 모양을 자세히 설하다

(3-2-1-1-2-2-3-1) 염훈습을 밝히다
어떻게 훈습하여 염법(染法)을 일으켜 끊어지질 않는가?
이른바 진여법에 의지하기 때문에 무명이 있고,
무명염법(無明染法)의 원인(因)이 있는 까닭으로 곧 진여
를 훈습하며, 훈습하기 때문에 곧 망심이 있게 된다. 망
심이 있어서 곧 무명을 훈습하고 진여법을 요달하지 못하
기 때문에 불각의 생각이 일어나서 망경계를 나타낸다.

망경계의 염법의 연(緣)이 있기 때문에 곧 망심을 훈습하
여 집착하게 되고 여러 가지 업을 지어 일체 몸과 마음의
괴로움을 받게 된다.

云何熏習起染法不斷？所謂以依真如法故有於無明, 以
有無明染法因故即熏習真如；以熏習故則有妄心, 以有
妄心即熏習無明。不了真如法故, 不覺念起現妄境界。以有

妄境界染法緣故，即熏習妄心，令其念著造種種業，受
於一切身心等苦。

(3-2-1-1-2-2-3-1-1) 망경계훈습을 밝히다

이 망경계 훈습의 뜻에 두 가지가 있다. 첫째는 증장념훈
습(增長念熏習)이니 망녕된 생각을 조장하는 훈습이며,
둘째는 증장취훈습(增長取熏習)이니 집착심을 조장하는
훈습이다.

此妄境界熏習義則有二種。云何為二？一者、增長念熏習，
二者、增長取熏習。

(3-2-1-1-2-2-3-1-2) 망심훈습을 밝히다

망심훈습의 뜻에 두 가지가 있으니, 첫째 업식근본훈습(
業識根本熏習)이니 능히 아라한과 벽지불과 일체 보살이
생멸의 괴로움을 받는 까닭이며, 둘째 증장분별사식훈습
(增長分別事識熏習)이니 능히 범부가 업에 매여 괴로움
을 받는 까닭이다.

妄心熏習義則有二種。云何為二？一者業識根本熏習，能
受阿羅漢、辟支佛、一切菩薩生滅苦故。二者、增長分別事識
熏習，能受凡夫業繫苦故。

(3-2-1-1-2-2-3-1-3) 무명훈습을 밝히다

무명훈습의 뜻에 두 가지가 있으니, 첫째는 근본훈습이니, 능히 업식을 성취하는 뜻이며, 둘째는 소기견애훈습(所起見愛熏習)이니, 능히 분별사식을 성취하는 뜻이다.

無明熏習義有二種。云何為二？一者、根本熏習， 以能成就業識義故。二者、所起見愛熏習， 以能成就分別事識義故。

(3-2-1-1-2-2-3-2) 정훈습을 밝히다

어떻게 훈습하여 청정한 법을 일으켜 끊어지지 않게 하는가? 이것은 진여법이 있기 때문에 진여가 무명을 훈습하는 것이며, 훈습하는 인연의 힘에 의지하여 곧 허망한 마음으로 하여금 생사의 괴로움을 싫어하고 열반을 구하기를 좋아하게 한다.

허망한 마음에는 생사를 싫어하고 열반 구하기를 좋아하는 인연이 있기 때문에 곧 진여를 훈습하여 스스로 본성을 믿고 마음이 망령되이 움직이는 것으로 앞의 경계가 없음을 알아 멀리 여의는 법을 수행한다.

눈앞에 나타나는 경계가 없음을 분명하게 알기 때문에 여러 가지 방편으로 수순행(隨順行)을 일으켜 취착하지도 않으며 잘못 생각하지도 않으므로 오랫동안 훈습한 힘에 의해 무명이 곧 멸하게 된다. 무명이 멸하기 때문에 마음에 일어나는 것이 없고 일어남이 없기 때문에 경계가 따라서 멸한다. 인과 연이 다 멸하기 때문에 마음의 모양이 다 없어지니, 열반을 얻게 되어 자연업(自然業)을 이루게 되는 것이다.

云何熏習起淨法不斷？所謂以有眞如法故能熏習無明,
以熏習因緣力故,　則令妄心厭生死苦、樂求涅槃。以此妄心
有厭求因緣故,　卽熏習眞如。自信己性,　知心妄動無前境
界,　修遠離法,　以如實知無前境界故,　種種方便起隨順
行,　不取不念,　乃至久遠熏習力故,　無明則滅。以無明滅
故心無有起,　以無起故境界隨滅,　以因緣俱滅故心相皆
盡,　名得涅槃成自然業。

(3-2-1-1-2-2-3-2-1) 망심훈습을 밝히다
망심훈습의 뜻에는 두 가지가 있다.

妄心熏習義有二種。云何爲二？

(3-2-1-1-2-2-3-2-1-1) 분별사식훈습을 밝히다
첫째는 분별사식훈습(分別事識熏習)이니, 모든 범부와
이승인(二乘人)이 생사의 괴로움을 싫어하고 힘이 닿는
대로 조금씩 무상도(無上道)에 나아가기 때문이다.

一者、分別事識熏習,　依諸凡夫二乘人等,　厭生死苦,　隨
力所能,　以漸趣向無上道故。

(3-2-1-1-2-2-3-2-1-2) 의훈습을 밝히다

둘째는 의훈습(意熏習)이니, 모든 보살이 발심하고 용맹하여 속히 열반에 나아가는 까닭이다.

二者、意熏習, 謂諸菩薩發心勇猛速趣涅槃故。

(3-2-1-1-2-2-3-2-2) 진여훈습을 밝히다
진여훈습의 뜻에 두 가지가 있으니, 첫째는 자체상훈습(自體相熏習)이며, 둘째는 용훈습(用熏習)이다.

真如熏習義有二種。云何為二? 一者、自體相熏習, 二者、用熏習。

(3-2-1-1-2-2-3-2-2-1) 자체상훈습을 밝히다
자체상훈습이란 비롯함이 없는 세상으로부터 무루법(無漏法)을 갖추고 부사의한 업[不思議業]을 갖추고 있어서 경계의 성품[境界性]을 짓는다.

이 두 가지의 뜻에 의지하여 항상 훈습하는 힘이 있기 때문에 중생은 생사의 고통을 싫어하고 열반을 좋아하며 스스로 자기의 몸에 진여법이 있는 줄 믿고 발심하여 수행하게 한다.

묻기를,
"만일 이러한 뜻이라면 모든 중생에게 진여가 있어서 똑

같이 훈습해야 할 것인데, 어찌하여 믿음이 있기도 하고 없기도 하여 한량없는 앞뒤의 차별이 있는 것인가?

그렇지 않으면 모두 동시에 스스로 진여법이 있음을 알고 부지런히 방편을 닦아 열반에 평등하게 들어야 할 것이다."

답하기를,
"진여는 본래 하나이지만 한량없고 끝이없는 무명이 있어서, 본래부터 자성(自性)이 차별되어 두텁고 얇음이 같지 않다. 그러므로 갠지즈 강의 모래보다 많은 번뇌(煩惱)가 무명에 의지하여 차별을 일으키며, 아견과 아애의 오염된 번뇌[我見愛染煩惱]가 무명에 의지하여 차별을 일으킨다. 이와 같은 일체의 번뇌가 무명에 의하여 일어난 것이어서 전후의 한량없는 차별이 있는 것이며, 오직 여래만이 이것을 알고있다.
또 모든 불법에 인(因)이 있고 연(緣)이 있으니, 인연이 구족하여야 법이 성취됨을 얻을 수 있는 것이다.

이것은 나무 가운데 불의 성질은 불의 정인(正因)이지만 만약 사람이 알지 못하여 방편을 빌리지 못하면 스스로 나무를 태울 수 없는 것과 같다.
중생도 그러하여 정인(正因)의 훈습하는 힘이 있지만 부처나 보살이나 선지식 등을 만나서 그들로 연(緣)을 삼지 못한다면 능히 스스로 번뇌를 끊고 열반에 들어갈 수 없는 것이다. 만약 외연(外緣)의 힘은 있으나 안으로 청정한 법이 아직 훈습하는 힘이 없는 자는 구경에 생사의 고통을 싫어하고 열반을 구하기를 좋아할 수가 없다.

만약 인연이 구족한 사람이라면 스스로 훈습하는 힘이 있고 또 부처와 보살의 자비와 원력으로 보호하기 때문에 생사의 고통을 싫어하는 마음을 일으키고 열반이 있음을 믿어 선근을 닦아 익힌다. 수행으로 선근이 성숙하기 때문에 모든 부처와 보살의 가르침과 이익됨과 기뻐함을 만나서 열반의 도를 향한다."

自體相熏習者, 從無始世來, 具無漏法備, 有不思議業, 作境界之性。依此二義恒常熏習, 以有力故, 能令衆生厭生死苦、樂求涅槃, 自信己身有真如法, 發心修行。
問曰：「若如是義者, 一切衆生悉有真如, 等皆熏習, 云何有信、無信, 無量前後差別？皆應一時自知有真如法, 勤修方便等入涅槃。」
答曰：「真如本一, 而有無量無邊無明, 從本已來自性差別厚薄不同故。過恒沙等上煩惱依無明起差別, 我見愛染煩惱依無明起差別。如是一切煩惱, 依於無明所起, 前後無量差別, 唯如來能知故。又諸佛法有因有緣, 因緣具足乃得成辦。如木中火性是火正因, 若無人知, 不假方便能自燒木, 無有是處。衆生亦爾, 雖有正因熏習之力,

若不值遇諸佛菩薩善知識等以之為緣，能自斷煩惱入涅
槃者，則無是處。若雖有外緣之力，而內淨法未有熏習力
者，亦不能究竟厭生死苦、樂求涅槃。若因緣具足者，所謂
自有熏習之力，又為諸佛菩薩等慈悲願護故，能起厭苦
之心，信有涅槃，修習善根。以修善根成熟故，則值諸佛
菩薩示教利喜，乃能進趣，向涅槃道。」

(3-2-1-1-2-2-3-2-2-2) 용훈습을 밝히다

용훈습(用熏習)은 중생의 외연(外緣)의 힘으로 한량없는
뜻이 있으나 대략 말하자면 두 가지가 있다. 첫째는 차별
연(差別緣)이고, 둘째는 평등연(平等緣)이다.

用熏習者，即是眾生外緣之力。如是外緣有無量義，略說
二種。云何為二？一者、差別緣，二者、平等緣。

(3-2-1-1-2-2-3-2-2-2-1) 차별연을 밝히다

차별연이란 어떤 사람이 부처와 보살에 의지하여 처음
발심하여 도를 구하는 때이다. 부처를 증득하기에 이르
기까지 그 가운데에서 부처를 보기도 하고 혹은 생각하
기도 한다.
어떤 경우는 권속(眷屬)과 부모와 여러 친척이 되기도 하
며, 어떤 경우는 일을 도와주는 동료[給使]가 되며, 어떤
경우는 벗이 되며, 어떤 경우는 원수가 되며, 어떤 경우
는 사섭(四攝)을 일으키며,

이것은 일체의 작용의 한량없는 행위의 연(緣)에 이르기까지 대비(大悲)심으로 훈습하는 힘을 일으켜서 능히 중생의 선근을 증장시켜 보거나 혹은 들어서 이익을 얻게 한다.
이 연에 두 가지가 있으니 첫째는 가까운 인연[近緣]이니 빨리 제도를 얻는 까닭이며, 둘째는 먼 인연[遠緣]이니 오랜 시간이 지나야 제도를 얻는 까닭이다.

이 근연(近緣)과 원연(遠緣)을 분별하면 다시 두 가지가 있으니, 첫째는 증장행연(增長行緣)으로 수행을 증장시키는 연이고, 둘째는 수도연(受道緣)으로 도를 수지하는 연이다.

差別緣者, 此人依於諸佛菩薩等, 從初發意始求道時乃至得佛, 於中若見若念, 或為眷屬父母諸親, 或為給使, 或為知友, 或為怨家, 或起四攝, 乃至一切所作無量行緣, 以起大悲熏習之力, 能令眾生增長善根, 若見若聞得利益故。此緣有二種。云何為二？一者、近緣, 速得度故。二者、遠緣, 久遠得度故。是近遠二緣, 分別復有二種。云何為二？一者、增長行緣, 二者、受道緣。

(3-2-1-1-2-2-3-2-2-2-2) 평등연을 밝히다
평등연(平等緣)이란 일체의 모든 부처와 보살이 중생을 제도하기를 원하여 자연히 이들을 훈습하여 항상 버리지 않는 것이다.

이는 동체의 지혜력[同體智力]으로써 중생의 보고 들음[見聞]에 따라 응하여 업을 짓고 나타내는 것이다. 중생은 삼매에 의하여 평등을 얻어야 모든 부처를 볼 수 있게 된다.

平等緣者, 一切諸佛菩薩, 皆願度脫一切衆生, 自然熏習恒常不捨。以同體智力故, 隨應見聞而現作業。所謂衆生依於三昧, 乃得平等見諸佛故。

(3-2-1-1-2-2-3-2-2-3) 체용훈습을 합하여 밝히다

이 자체와 작용[體用]의 훈습을 분별하면 다시 두 가지가 있다.

此體用熏習, 分別復有二種。云何為二？

(3-2-1-1-2-2-3-2-2-3-1) 미상응을 밝히다

첫째 미상응(未相應)은 아직 상응하지 못한 것이니, 범부와 이승과 초발심 보살 등이 의(意)와 의식(意識)의 훈습으로 믿는 힘[信力]에 의지하기 때문에 수행은 하지만 아직 무분별심(無分別心)으로 자체와 함께 상응하지 못하기 때문이다. 아직 자재한 업[自在業]의 수행이 작용[用]과 더불어 상응하지 못하기 때문이다.

一者、未相應, 謂凡夫、二乘、初發意菩薩等, 以意. 意識熏習, 依信力故而能修行；未得無分別心與體相應故, 未得自在業修行與用相應故。

(3-2-1-1-2-2-3-2-2-3-2) 기상응을 밝히다
둘째 기상응(已相應)은 이미 상응한 것이니, 법신보살이 무분별심을 얻어 모든 부처의 지혜와 작용[智用]에 상응하여 오직 법력에 의지하여 저절로 수행하게 되며 진여를 훈습하여 무명을 멸하는 까닭이다.

二者、已相應, 謂法身菩薩得無分別心, 與諸佛智用相應, 唯依法力自然修行, 熏習真如, 滅無明故。

(3-2-1-1-2-2-4) 염훈의 단절과 정훈의 상속을 설하다
또한 염법(染法)은 무시 이래로 훈습하여 끊어지지 않다가 부처가 된 후에는 끊어지며, 청정한 법의 훈습[淨法熏習]은 곧 끊어짐이 없어서 미래까지 다하는 것이니, 이 뜻이 무엇인가?
진여법이 항상 훈습하기 때문에 망심이 곧 멸하고 법신이 밝게 나타나 용(用)의 훈습을 일으키므로 끊어짐이 없다.

復次, 染法從無始已來熏習不斷, 乃至得佛後則有斷。淨法熏習則無有斷, 盡於未來。此義云何？以真如法常熏習故, 妄心則滅、法身顯現, 起用熏習, 故無有斷。

(3-2-1-2) 입의분에서 세운 의를 해석하다

(3-2-1-2-1) 체상 2대를 함께 풀이하다

 또한 진여의 자체상(自體相)이란 일체 범부와 성문과 연각과 보살과 제불은 증감이 없어서 앞(과거)에 생기는 것도 아니며 뒤(미래)에 없어지는 것도 아니다. 마침내 항상 변함이 없어서 본래부터 성품이 스스로 일체의 공덕을 가득 채운다.

그 자체에 큰 지혜의 광명의 뜻[大智慧光明義]이 있기 때문이며, 법계를 두루 비치는 뜻이 있기 때문이며, 진실하게 아는 뜻이 있기 때문이며, 자성이 청정한 마음의 뜻이 있기 때문이며, 상락아정(常樂我淨)의 뜻이 있기 때문이며, 청량하고 불변하고 자재한 뜻이 있기 때문이다.

이와 같은 갠지즈 강의 모래보다 많은 뜻을 여의지 않으며[不離], 뜻이 끊어지지 않으며[不斷], 뜻이 다르지 않으며[不異], 부사의(不思議)한 법을 구족하고 이에 만족하여 부족한 바가 없는 까닭에 여래장(如來藏)이라 하며 또한 여래법신(如來法身)이라 이름하는 것이다.

묻기를,
"위에서 진여는 그 자체가 평등하여 일체의 상을 여의었다고 말하였는데, 어째서 다시 진여의 체에 이와 같은 여러 가지 공덕이 있다고 말하는가?"

답하기를,
"실로 이러한 모든 공덕의 뜻이 있으나 차별의 모양이 없고 평등하여 한 맛[一味]이며 오직 하나의 진여이다.
이 뜻이 무엇인가? 분별이 없어서[無分別] 분별의 모양[分別相]을 여의므로 둘이 없는 것이다.
또한 무슨 뜻으로 차별을 말하는가? 업식의 생멸의 모양에 의지하여 나타나는 것이다.
이것이 어떻게 나타나는가? 일체법이 본래 오직 마음뿐으로 실제로 망념이 없다. 그러나 허망한 마음이 있어서 깨닫지 못하고 망념을 일으켜서 모든 경계를 보게 되므로 무명(無明)이라 하며, 심성에 망념이 일어나지 않는 것은 곧 큰 지혜의 광명의 뜻이기 때문이다.
만약 마음이 보는 것[見]을 일으키면 곧 보지 못하는 모양이 있으니 심성이 보는 것을 여의면 바로 이것이 법계를 두루 비추는 뜻이기 때문이다.
만약 마음에 움직임이 있으면 참으로 아는 것이 아니다. 자성이 없으며 상(常)도 아니며 낙(樂)도 아니며 아(我)도 아니고 정(淨)도 아니다. 이리하여 번뇌가 치성하고[熱惱]하고 끊임없이 변[衰變]하여 자재하지 못하며 갠지즈 강의 모래들보다 많은 망염(妄染)의 뜻을 갖게 되는 것이다. 이러한 뜻에 대하기 때문에 심성이 움직임이 없으면 갠지즈 강의 모래들보다 많은 깨끗한 공덕상의 뜻을 나타낸다.

만약 마음이 일어나는 것이 있어 다시 앞의 법을 보고 생각하면 모자라는 이유가 있을 것이다. 이와같이 청정한 법의 무량한 공덕은 바로 일심(一心)이며, 다시 생각할 것이 없기 때문에 원만히 구족하여 법신여래의 장이라고 하는 것이다.

復次, 真如自體相者, 一切凡夫、聲聞、緣覺、菩薩、諸佛, 無有增減, 非前際生、非後際滅, 畢竟常恒。從本已來, 性自滿足一切功德。所謂自體有大智慧光明義故, 遍照法界義故, 真實識知義故, 自性清淨心義故, 常樂我淨義故, 清涼不變自在義故。具足如是過於恒沙不離、不斷、不異、不思議佛法, 乃至滿足無有所少義故, 名為如來藏, 亦名如來法身。

問曰:「上說真如, 其體平等離一切相, 云何復說體有如是種種功德?」

答曰:「雖實有此諸功德義, 而無差別之相, 等同一味, 唯一真如。此義云何? 以無分別離分別相。是故無二。復以何義得說差別? 以依業識, 生滅相示。此云何示? 以一切法本來唯心, 實無於念, 而有妄心, 不覺起念, 見諸境界故說無明。心性不起, 即是大智慧光明義故。若心起見, 則有不見之相。心性離見, 即是遍照法界義故。若心有動, 非真識知, 無有自性, 非常、非樂、非我、非淨, 熱惱衰變則不自在, 乃至具有過恒沙等妄染之義。對此義故, 心性無動則

有過恒沙等諸淨功德相義示現。若心有起，更見前法可念
者則有所少。如是淨法無量功德，即是一心，更無所念，
是故滿足。名為法身如來之藏。」

(3-2-1-2-2) 용대를 별도로 풀이하다

(3-2-1-2-2-1) 본행본원과 진여평등을 설하다
진여의 작용[用]이란 모든 부처와 여래가 본래 인연의 땅
[因地]에서 대자비심을 일으켜 모든 바라밀을 닦아서 중
생을 섭화하며, 큰 서원을 세워 일체의 중생계를 괴로움
에서 벗어나게[度脫]하고자 하여 겁의 수를 한정하지 않
고 미래에 까지 다하는 것이니 중생을 돌보기를 자기 몸
처럼 하기 때문이다.
그러면서도 중생상(衆生相)을 취하지 않는다. 이는 무슨
뜻에 의해서인가?

일체 중생과 자기의 몸이 진여로서 평등하여 다름이 없
는 것인 줄 여실히 아는 까닭이다.

復次，真如用者，所謂諸佛如來，本在因地發大慈悲，修
諸波羅蜜，攝化衆生。立大誓願，盡欲度脫等衆生界。亦不
限劫數盡於未來，以取一切衆生如己身故，而亦不取衆
生相。此以何義？謂如實知一切衆生及與己身真如平等無
別異故。

(3-2-1-2-2-2) 대방편지로서 법신을 보다

이와 같은 대방편지혜(大方便智)가 있기 때문에 무명을 없애고 본래의 법신을 보아 자연히 불사의한 업의 여러 가지 작용을 갖는 것이니, 곧 진여와 더불어 모든 곳에 평등하고 두루하게 된다.

그러면서도 얻을 만한 작용의 모양도 없다. 왜 그런가? 말하자면 모든 부처와 여래는 오직 법신(法身)의 지상(智相)인 몸 뿐이며 제일의제(第一義諦)이기 때문이다. 그러므로 세간의 경계[世諦]가 없어서 베풀고 지음은 여의지만 다만 중생의 보고 들음[見聞]에 따라서 이익되게 하기 때문에 작용[用]이라 말하는 것이다.

以有如是大方便智，除滅無明、見本法身，自然而有不思議業種種之用，即與真如等遍一切處，又亦無有用相可得。何以故？謂諸佛如來唯是法身智相之身，第一義諦無有世諦境界，離於施作，但隨眾生見聞得益故說為用。

(3-2-1-2-2-3) 추세식에 의한 응신과 보신을 설하다

이 작용[用]에는 두 가지가 있으니, 첫째는 분별사식에 의한 것으로 범부와 이승의 마음으로 보는 것을 응신(應身)이라 이름한다. 이는 전식이 나타낸 줄 알지 못하기 때문에 밖에서 온 것이라 보고 색의 차별상[色分齊]을 취하여 능히 알지 못하는 까닭이다.

둘째는 업식에 의한 것이니, 이는 모든 보살이 처음 발심함[初發意]으로부터 보살의 구경지에 이르기까지 마음으로 본 것을 보신(報身)이라 말한다. 몸에는 한량없는 색(色)이 있고 색에는 한량없는 상(相)이 있고, 상에는 한량없는 호(好)가 있고, 머무는 곳에 의지하는 과보도 또한 한량없는 장엄이 있어서 곳에 따라 나타냄이 끝이 없고 다함이 없다. 차별상의 모양[色分齊]을 여의었지만 그 응하는 바에 따라서 항상 머물러 있어서 훼손되지도 않고 잃지도 않는다.

이러한 공덕은 모든 바라밀의 무루의 행의 훈습[行熏]과 부사의한 훈습[不思議熏]에 의하여 성취된 것이다. 이러한 한량없는 즐거운 모양[樂相]을 구족하였기 때문에 보신[報身]이라고 하는 것이다.

此用有二種。云何為二？一者、依分別事識, 凡夫、二乘心所見者, 名為應身。以不知轉識現故見從外來, 取色分齊不能盡知故。二者、依於業識, 謂諸菩薩從初發意, 乃至菩薩究竟地, 心所見者, 名為報身。身有無量色, 色有無量相, 相有無量好, 所住依果亦有無量種種莊嚴隨所示現, 即無有邊不可窮盡離分齊相, 隨其所應, 常能住持不毀不失。如是功德, 皆因諸波羅蜜等無漏行熏, 及不思議熏之所成就, 具足無量樂相故, 說為報身。

(3-2-1-2-2-4) 범부가 거친 형색의 응신을 보다

또 범부가 보는 것은 거친 형색이다. 육도(六道)에 따라서 각각 보는 것이 같지 않아서 여러 가지의 다른 종류[異類]이다. 즐거운 모양[樂相]을 받는 것이 아니기 때문에 응신(應身)이라 한다.

又為凡夫所見者，是其麁色，隨於六道各見不同，種種異類非受樂相故，說為應身。

(3-2-1-2-2-5) 초발의 보살이 보신을 보다
초발심의 의지를 가진 보살이 보는 것은 진여법을 깊이 믿기 때문이다. 부분적으로 보신을 보아서 보신의 색상(色相)과 장엄(莊嚴)의 일이 오는 것도 없고 가는 것도 없어 차별상[分齊] 떠났으며 오직 마음을 의지하여 나타날 뿐 진여를 떠나지 않는 것을 안다. 그러나 이 보살은 아직 스스로를 분별하고 있으니, 아직 법신(法身)의 지위에 들어가지 못한 까닭이다.

復次，初發意菩薩等所見者，以深信真如法故，少分而見，知彼色相莊嚴等事，無來無去·離於分齊，唯依心現·不離真如。然此菩薩猶自分別，以未入法身位故。

(3-2-1-2-2-6) 업식을 여의고 법신을 보다
만약 청정한 마음[淨心]을 얻으면 보는 바가 미묘하고 그 작용은 더욱 수승하여 이에 보살지가 다함[菩薩地盡]에 이르러 구경을 보게된다.
만약 업식을 여의면 보는 모양[見相]이 없으져 모든 부처의 법신은 피차의 색상(色相)을 서로 보는 일이 없게 된다.

若得淨心, 所見微妙其用轉勝, 乃至菩薩地盡見之究竟。
若離業識 則無見相, 以諸佛法身無有彼此色相迭相見故。

(3-2-1-2-2-7) 지신(智身)과 진여의 자재함을 설하다
묻기를,
"만약 모든 부처의 법신이 색상을 여의었다면 어떻게 색상을 나타낼 수 있겠는가?"

답하기를,
"이 법신은 색의 본체[體]이기 때문에 능히 색을 나타낼 수 있는 것이다.

이른바 본래부터 색(色)과 마음[心]은 둘이 아니다. 왜냐하면 색의 본성은 곧 지혜[智]인 까닭에 색의 본체가 형체가 없는 것을 지혜의 몸[智身]이라 하며,
지혜의 성품[智性]은 곧 색인 까닭에 법신이 모든 곳에 두루하다고 말하는 것이다.
나타낸 색이 차별상[分齊]이 없으니 중생의 마음을 따라 능히 시방세계에 한량없는 보살과 한량없는 보신과 한량없는 장엄에는 각각 차별이 있지만 모두 차별상[分齊]이

없어서 서로 방해되지 않는다. 이는 심식(心識)의 분별로
는 알 수 없는 것으로 진여의 자재한 작용[用]의 뜻이기
때문이다."

問曰：「若諸佛法身離於色相者，云何能現色相？」
答曰：「即此法身是色體故，能現於色。所謂從本已來色心
不二，以色性即智故色體無形，說名智身；以智性即色
故，說名法身遍一切處。所現之色無有分齊，隨心能示十
方世界，無量菩薩無量報身，無量莊嚴各各差別，皆無分
齊而不相妨。此非心識分別能知，以真如自在用義故。」

(3-2-2-0) 생멸문에서 진여문으로 들어가다
또한 생멸문(生滅門)으로부터 곧 진여문(眞如門)에 들어
가는 것을 나타낸다.

이른바 오음(五陰)은 물질[色]과 마음[心]이다.
육진경계(六塵境界)가 결국에는 무념이고 마음에는 형상
이 없어서 시방으로 찾아보아도 끝내 얻을 수가 없다.

마치 어떤 사람이 미혹하여 동쪽을 서쪽이라고 하지만
방향 자체는 실제로 바뀌지 않는다.

중생도 그러하여 무명으로 혼미하기 때문에 마음을 망념
[念]이라 하지만, 마음은 실로 움직이지 않는 것이다.

만약 관찰하여 마음에 망념이 없는 것[無念]을 알면 곧 수순하게 되어 진여문에 들어가기 때문이다.

復次, 顯示從生滅門即入眞如門。所謂推求五陰色之與心, 六塵境界畢竟無念, 以心無形相, 十方求之終不可得。如人迷故謂東爲西, 方實不轉。衆生亦爾, 無明迷故謂心爲念, 心實不動。若能觀察知心無念, 即得隨順入眞如門故。

(3-3-0-0) 삿된 집착을 대치하다

(3-3-1-0) 대치사집 대의를 총히 표하다
삿된 집착[邪執]을 대치한다는 것은 일체의 삿된 집착이 모두 아견(我見)에 의지하는 것이니, 만약 나(我)를 여의면 곧 삿된 집착이 없는 것이다.

對治邪執者, 一切邪執皆依我見, 若離於我則無邪執。

(3-3-2-0) 대치사집을 별도로 해석하다
아견(我見)에 두 가지가 있다.
첫째는 인아견(人我見)이며, 둘째는 법아견(法我見)이다.

是我見有二種。云何爲二? 一者、人我見, 二者、法我見。

(3-3-2-1) 인아견을 대치하다

인아견(人我見)이란 모든 범부에 의하여 말해지는 것으로 다섯 가지가 있다.

人我見者, 依諸凡夫說有五種。云何為五?

(3-3-2-1-1) 법신이 허공과 같다함을 대치하다

첫째는 경(經)에서 '여래 법신이 마침내 적막하여 허공과 같다.'라는 말을 듣고도 이것이 집착을 깨뜨리기 위한 것인 줄 모르기 때문에 곧 허공이 여래의 성품[如來性]이라고 여기는 것이니, 이를 어떻게 대치하는가?

허공상(虛空相)은 허망한 법[妄法]이다. 본체가 없어서 여실하지 못하지만, 색을 상대하기 때문에 볼만한 상이 있어서 마음으로 하여금 생멸케 하는 것이다.

그런데 모든 색법(色法)이 본래 마음이며 실제로 바깥의 색이 없는 것이니, 바깥의 색이 없다면 허공의 모양도 없는 것이다.

소위 일체의 경계는 오직 마음에서 망령되이 일어나기 때문에 있는 것이다. 만약 마음이 망령되이 움직이는 것을 여의면 일체의 경계가 멸하고, 오직 하나의 진심(眞心)으로서 두루하지 않은 것이 없게 된다. 이것은 여래의 광대한 성품의 지혜[性智]의 완전한 뜻을 말한 것으로 허공의 모양과 같지 않는 까닭이다.

一者、聞修多羅說如來法身畢竟寂寞猶如虛空, 以不知爲破著故, 即謂虛空是如來性。云何對治？明虛空相是其妄法、體無不實, 以對色故有, 是可見相令心生滅。以一切色法本來是心, 實無外色。若無色者, 則無虛空之相。所謂一切境界唯心妄起故有, 若心離於妄動則一切境界滅, 唯一眞心無所不遍。此謂如來廣大性智究竟之義, 非如虛空相故。

(3-3-2-1-2) 세간법과 출세간법이 공하다함을 대치하다

둘째는 경(脩多羅)에서 '세간의 모든 법이 마침내 자체 (體)가 공(空)하며, 열반진여의 법도 공하여 본래부터 스스로 공하여 일체의 상(相)을 여의었다'고 하는 말을 듣고서 집착을 깨뜨리기 위한 것인 줄 모르기 때문에 곧 진여 열반의 본성이 오직 공하다고 하는 것이니, 어떻게 대치하는가?
설명하면 진여법신은 자체가 공하지 아니하여 한량없는 공덕의 성품[性功德]을 구족하고 있음을 밝힌 것이다.

二者、聞修多羅說世間諸法畢竟體空, 乃至涅槃眞如之法亦畢竟空, 從本已來自空離一切相。以不知爲破著故, 即謂眞如、涅槃之性唯是其空。云何對治？明眞如法身自體不空, 具足無量性功德故。

(3-3-2-1-3) 여래장에 염법차별이 있다함을 대치하다

셋째는 경에서 '여래장은 더하거나 줄어듬이 없어서 체가 일체 공덕의 법을 갖추었다'고 하는 말을 듣고서 이해하지 못하기 때문에 곧 여래장은 색법과 심법의 자상(自相)과 차별이 있다고 여기니, 어떻게 대치하는가?

오직 진여의 뜻에 의지하여 설한 까닭이며 생멸에 오염[生滅染]되는 뜻에 의하여 나타남에 차별을 설한 까닭이다.

三者, 聞修多羅說如來之藏無有增減, 體備一切功德之法。
以不解故, 即謂如來之藏有色心法自相差別。云何對治?
以唯依眞如義說故, 因生滅染義示現說差別故。

(3-3-2-1-4) 여래장에 생사법이 있다함을 대치하다

넷째는 경에서 '일체 세간의 생사의 염법이 모두 여래장에 의지하기에 일체의 모든 법이 진여를 여의지 않는다'는 말을 듣고 이해하지 못하기 때문에 여래장 자체에 일체 세간의 생사의 법이 갖추어져 있다고 여기니, 어떻게 대치하는가?

여래장은 본래부터 갠지즈 강의 모래보다 많은 청정한 공덕[淨功德]이 있어서 진여의 뜻을 여의지도 않고 끊지도 않아 그와 다르지 않기 때문이며,

갠지즈 강의 모래보다 많은 번뇌의 염법이 오직 망령되이 있는 것이며, 그 자성은 본래부터 없는 것이니, 무시(無始)로부터 일찍이 여래장과 상응한 적이 없기 때문이다.

만약 여래장의 자체[體]에 허망한 법[妄法]이 있다면 증
득하여 알아서[證會] 영원히 허망을 없앤다는 것은 있을
수가 없는 까닭이다.

四者、聞修多羅說一切世間生死染法皆依如來藏而有，一
切諸法不離眞如。以不解故，謂如來藏自體具有一切世間
生死等法。云何對治？以如來藏從本已來唯有過恒沙等諸
淨功德，不離、不斷、不異眞如義故。以過恒沙等煩惱染法，
唯是妄有，性自本無，從無始世來未曾與如來藏相應故。
若如來藏體有妄法，而使證會永息妄者，則無是處故。

(3-3-2-1-5) 중생유시, 열반유종이라함을 대치하다
다섯째는 경에서 '여래장에 의지하기 때문에 생사가 있으
며, 여래장에 의지하기 때문에 열반을 얻는다'고 하는 말
을 이해하지 못하기 때문에 중생은 처음이 있다고 하고,
처음을 보기 때문에 또한 여래가 얻은 열반의 끝이 있어
서 다시 중생이 된다고 하니, 어떻게 대치하는가?

여래장은 전제(前際: 시초)가 없기 때문에 무명의 모양
(相)도 시작도 없다. 만약 삼계(三界) 밖에 다시 중생이
처음 일어남이 있다고 한다면 이것은 외도경전(外道經)
의 설이다.
또 여래장은 후제(後際: 마지막)가 없으니 모든 부처가
얻은 열반이 그것과 상응하기 때문에 후제가 없다.

五者、聞修多羅說依如來藏故有生死, 依如來藏故得涅槃。
以不解故, 謂眾生有始。以見始故, 復謂如來所得涅槃,
有其終盡, 還作眾生。云何對治？以如來藏無前際故, 無
明之相亦無有始。若說三界外更有眾生始起者, 即是外道
經說。又如來藏無有後際, 諸佛所得涅槃與之相應則無後
際故。

(3-3-2-2) 법아견을 대치하다
법아견(法我見)이란 이승의 둔한 근기[鈍根]에 의지하기
때문에 여래가 그들을 위하여 인무아(人無我)만을 설하
였으며, 이 설함이 완전[究竟]하지 않기 때문에 오음의
생멸[五陰生滅]의 법이 있음을 보고 생사를 두려워하여
망령되게 열반을 취하는 것이니, 어떻게 대치하는가?

오음법(五陰法)은 그 자성이 생기지 않는 것으로 멸함도
없으니 본래 열반이기 때문이다.

法我見者, 依二乘鈍根故, 如來但為說人無我。以說不究
竟, 見有五陰生滅之法, 怖畏生死、妄取涅槃。云何對治？
以五陰法自性不生則無有滅, 本來涅槃故。

(3-3-3-0) 구경에 망집을 여의게 하다
구경에 허망한 집착(妄執)을 다 여읜다는 것은 염법과 정
법이 서로 의지하는 것이어서 말할 만한 자상이 없음을

알아야 한다.

그러므로 일체의 법이 본래부터 색도 아니고 마음[心]도 아니며, 지혜[智]도 아니고 알음알이[識]도 아니며, 있는 것[有]도 아니고 없는 것[無]도 아니다.
마침내 그 모양을 말할 수 없지만 말로 설명하는 이유는 여래의 교묘한 방편으로 말로 설함을 빌어 중생을 제도하기 위한 것임을 알아야 한다.
그 취지란 모든 망념을 떠나 진여에 돌아가는 것이니, 일체법을 생각하면 마음으로 하여금 생멸케 하여 참된 지혜에 들어가지 못하게 하는 까닭이다.

 復次, 究竟離妄執者, 當知染法·淨法皆悉相待, 無有自相可說, 是故一切法從本已來, 非色非心·非智非識·非有非無, 畢竟不可說相。而有言說者, 當知如來善巧方便, 假以言說引導衆生, 其旨趣者皆爲離念歸於眞如, 以念一切法令心生滅不入實智故。

(3-4-0-0) 도에 발취하는 모양을 분별하다

(3-4-1-0) 분별발취도상 대의를 총히 표하다
 분별발취도상(分別發趣道相)은 도에 발취하는 모양을 분별한다는 것으로 부처가 증득한 도에 모든 보살이 발심하고 수행하여 나아가는 뜻을 말하는 것이다.

分別發趣道相者, 謂一切諸佛所證之道, 一切菩薩發心修
行趣向義故。

(3-4-2-0) 분별발취도상을 별도로 해석하다
 대략 발심(發心)에는 세 가지가 있으니, 첫째 신성취발
심(信成就發心)은 믿음을 성취한 발심이며, 둘째 해행발
심(解行發心)은 알고 실천는 발심이며, 셋째 증발심(證發
心)은 깨달은 발심이다.

略說發心有三種。云何為三? 一者、信成就發心, 二者、解行
發心, 三者、證發心。

(3-4-2-1) 신성취발심을 설하다
 신성취발심(信成就發心)은 믿음을 성취한 발심으로 어
떤 사람을 의지하여 어떤 수행을 닦아서 믿음이 성취되
어 능히 발심을 감당 할 수 있는가?

信成就發心者, 依何等人、修何等行, 得信成就堪能發心?

(3-4-2-1-1) 믿음이 성취되는 수행

(3-4-2-1-1-1) 발심을 성취한 이
부정취중생(不定聚衆生)에게도 선근을 훈습하는 힘이 있
으므로 업의 과보를 믿고 십선(十善)을 일으키며, 생사의

고뇌를 싫어하고 무상보리(無上菩提)를 구하려고 한다.

여러 부처를 만나 직접 받들어 공양하고 신심(信心)을 수
행하되, 일만 겁을 지나서 신심이 성취되기 때문에 모든
부처와 보살이 가르쳐서 발심하게 하며 혹은 대자비(大
悲)에 의해서 호법(護法)의 인연으로 스스로 발심케 하는
것이다. 이와 같이 신심이 성취되어 발심하게 된 사람은
정정취(正定聚)에 들어가 마침내 물러나지 않으며, 여래
의 종자(如來種) 가운데 머물러 정인(正因)과 상응한다고
한다.

所謂依不定聚衆生, 有熏習善根力故, 信業果報, 能起
十善, 厭生死苦, 欲求無上菩提, 得値諸佛, 親承供養修
行信心, 經一萬劫信心成就故, 諸佛菩薩教令發心；或以
大悲故, 能自發心；或因正法欲滅, 以護法因緣, 能自發
心。如是信心成就得發心者, 入正定聚, 畢竟不退, 名住
如來種中正因相應。

(3-4-2-1-1-2) 발심을 확정시키지 못한 이
만약 어떤 중생이 선근이 미약해서 아득히 먼 옛날부터
번뇌가 깊고 두텁다면 비록 부처를 만나 공양올리게 되
더라도 인천(人天)의 종자를 일으키고, 혹은 이승(二乘)
의 종자를 일으킨다.

설사 대승을 구하는 사람이 있더라도 근기(根器)가 결정되지 못하여 어떤 때는 나아가고 어떤 때는 물러나기도 한다.

혹 여러 부처에게 공양을 올리면 일만 겁을 지나지 않더라도 중도에 인연(緣)을 만나 또한 발심하기도 한다.
이른바 부처의 색상(色相)을 보고 그 마음을 일으키며, 혹은 여러 스님에게 공양함에 의하여 그 마음을 일으키며, 혹은 이승인의 가르침에 의하여 마음을 일으키며, 혹은 다른 사람에게 배워 마음을 일으킨다.

이와 같은 발심들은 모두 결정되지 않은 것이니, 나쁜 인연을 만나면 문득 물러나고 잃어버리며 이승의 지위[二乘地]에 떨어지기도 하는 것이다.

若有衆生善根微少, 久遠已來煩惱深厚, 雖值於佛亦得供養, 然起人天種子, 或起二乘種子。設有求大乘者, 根則不定, 若進若退。或有供養諸佛未經一萬劫, 於中遇緣亦有發心, 所謂見佛色相而發其心 ; 或因供養衆僧而發其心 ; 或因二乘之人敎令發心 ; 或學他發心。如是等發心悉皆不定, 遇惡因緣, 或便退失墮二乘地。

(3-4-2-1-2) 수행이 성취된 발심을 밝히다

(3-4-2-1-2-1) 직심, 심심, 대비심을 밝히다
 다음 믿음을 성취한 발심[信成就發心]이란 어떤 마음을 발하는 것인가? 대략 말하자면 세 가지가 있으니, 첫째 직심(直心)이니 진여법을 바로 생각하기 때문이며, 둘째 심심(深心)이니 일체의 모든 선행을 이루기 좋아하기 때문이며, 셋째 대비심(大悲心)이니 모든 중생의 고통을 덜어주고자 하기 때문이다.

復次, 信成就發心者, 發何等心？略說有三種。云何為三？一者、直心, 正念眞如法故。二者、深心, 樂集一切諸善行故。三者、大悲心, 欲拔一切衆生苦故。

(3-4-2-1-2-2) 선행을 닦아 진여에 귀순하다
묻기를,
"위에서 법계는 하나의 모양[相]이며 부처의 본체[佛體]는 둘이 없다고 하였는데 무슨 까닭으로 오직 진여만을 생각해야 하고 다시 여러 선행을 닦음을 구하는 것인가?"

답하기를,
 "비유하자면 큰 마니보배(摩尼寶)의 체성(體性)은 맑고 깨끗한 것이지만 거친 광석의 때를 가지고 있어 만약 어떤 사람이 마니보배의 깨끗한 본성을 생각하면서도 갖가지 방편으로써 갈고 닦지 않으면 끝내 청정함을 얻을 수 없다.

이와 같이 중생의 진여의 법도 체성이 텅 비었고 청정하지만 한량없는 번뇌에 오염된 때가 있으니, 비록 진여를 생각하지만 갖가지 방편으로 훈습하여 닦지 않으면 또한 청정함을 얻을 수가 없다.

왜냐하면 때가 한량이 없어 모든 법에 두루하기 때문에 모든 선행을 닦아서 대치하는 것이다. 만약 어떤 사람이 모든 선법(善法)을 수행하면 저절로 진여법에 귀순하기 때문이다.

問曰:「上說法界一相、佛體無二, 何故不唯念真如, 復假求學諸善之行?」
答曰:「譬如大摩尼寶體性明淨, 而有鑛穢之垢。若人雖念寶性, 不以方便種種磨治, 終無得淨。如是衆生真如之法體性空淨, 而有無量煩惱染垢。若人雖念真如, 不以方便種種熏修, 亦無得淨。以垢無量遍一切法故, 修一切善行以為對治。若人修行一切善法, 自然歸順真如法故。

(3-4-2-1-2-3) 네 가지 방편을 밝히다
방편을 간단히 말하자면 네 가지가 있다.

略說方便有四種。云何為四?

(3-4-2-1-2-3-1) 행근본방편을 밝히다
첫째 행근본방편(行根本方便)이다. 모든 법은 자성(自性)

이 생김이 없음을 관하여 망견(妄見)을 여의어 생사에 머물지 않는다. 또 모든 법이 인연의 화합이라 업과(業果)가 없어지지 않음을 관하여 대비심을 일으켜서 모든 복덕을 닦아서 중생을 섭화하여 열반에도 머물지 않는다. 이는 법성의 머무름이 없는 것을 수순하기 때문이다.

一者、行根本方便。謂觀一切法自性無生，離於妄見，不住生死。觀一切法因緣和合，業果不失，起於大悲修諸福德，攝化衆生不住涅槃，以隨順法性無住故。

(3-4-2-1-2-3-2) 능지방편을 밝히다

둘째 능지방편(能止方便)이다. 자기의 허물을 부끄러워하고 뉘우쳐서 모든 악법을 그치게 하여 증장하지 않게 함을 말하는 것이니, 이는 법성의 모든 허물을 여읜 것을 수순하기 때문이다.

二者、能止方便。謂慚愧悔過，能止一切惡法不令增長，以隨順法性離諸過故。

(3-4-2-1-2-3-3) 선근증장방편을 밝히다

셋째 선근증장방편(善根增長方便)이다. 선근을 일으켜 증장시키는 방편이다. 삼보(三寶)에 부지런히 공양하고 예배하며, 모든 부처를 찬탄하고 기뻐하며 권청(勸請)하여 삼보를 애경(愛敬)하는 순수하고 깊은 마음 때문에 믿음이 증장되어 무상의 도를 구하는 데 뜻을 둔다. 또 불법승(佛法僧)의 힘의 보호를 받아 능히 업장(業障)을 소멸하여 선근에서 물러나지 않으며, 이는 법성의 어리석은 장애[癡障]를 여읜 것을 수순하기 때문이다.

三者、發起善根增長方便。謂勤供養、禮拜三寶, 讚歎、隨喜、勸請諸佛, 以愛敬三寶淳厚心故, 信得增長, 乃能志求無上之道。又因佛法僧力所護故, 能消業障, 善根不退, 以隨順法性離癡障故。

(3-4-2-1-2-3-4) 대원평등방편을 밝히다

넷째 대원평등방편(大願平等方便)이다. 미래가 다하도록 모든 중생을 교화하고 제도하여 남음이 없고 모두 무여열반(無餘涅槃)에 들도록 발원하는 것이다. 이는 법성의 단절됨이 없음을 수순하기 때문이다.

법성이 광대하여 모든 중생에게 두루하고 평등하여 둘이 없으며 깨끗함과 물듦[彼此]를 생각하지 않고 구경에 적멸(寂滅)하기 때문이다."

四者、大願平等方便。所謂發願盡於未來, 化度一切衆生使無有餘, 皆令究竟無餘涅槃, 以隨順法性無斷絕故, 法性廣大, 遍一切衆生, 平等無二, 不念彼此, 究竟寂滅故。

(3-4-2-1-3) 발심의 공덕을 밝히다

(3-4-2-1-3-1) 수승한 덕을 밝히다
 보살은 이 마음을 내기 때문에 조금이나마 법신을 보게
되며, 법신을 보기 때문에 그 원력(願力)에 따라서 여덟
가지를 나타내어 중생을 이익되게 한다. 이른바 도솔천
(兜率天)으로부터 모태(母胎)에 들어가고 모태에 머물고
태어나서 출가하여 성도(成道)하고 법륜을 굴리며 열반
에 듦을 말하는 것이다.

菩薩發是心故, 則得少分見於法身。以見法身故, 隨其願
力能現八種利益衆生。所謂從兜率天退, 入胎, 住胎, 出
胎, 出家, 成道, 轉法輪, 入於涅槃。

(3-4-2-1-3-2) 미세한 허물을 밝히다
그러나 이 보살을 아직 법신이라 하지 않는 것은 그가 과
거 한량없는 세월 동안 유루(有漏)의 업을 능히 끊어버리
지 못하고 일어나는 바에 따라서 미세한 고뇌와 상응하
기 때문이다. 그래도 업에 매이지 않는 것은 대원력[大
願]과 자재한 힘이 있기 때문이다.

然是菩薩未名法身, 以其過去無量世來有漏之業未能決
斷, 隨其所生與微苦相應, 亦非業繫, 以有大願自在力故。

(3-4-2-1-3-3) 권교의 말씀을 회통하다

경전에서 '혹 악취(惡趣)에 떨어지는 것이 있다'고 말한 것은 실제로 떨어지는 것이 아니고 다만 처음 배우는 보살[初學菩薩]에게 아직 정위(正位)에 들지 못하고 게으름을 피우는 자를 위하여 두려워하게 하여 그로 하여금 용맹케 하기 위한 것이다.

如修多羅中，或說有退墮惡趣者，非其實退，但爲初學菩薩未入正位而懈怠者，恐怖令使勇猛故。

(3-4-2-1-3-4) 실행을 찬탄하다

또 보살이 한 번 발심한 후에는 겁 내고 나약한 마음을 멀리 여의어 이승지(二乘地)에 떨어짐을 두려워 하지 않는다. 가령 한량없는 아승기겁에 부지런히 어렵고 힘든 수행을 하여 열반을 얻는다는 것을 듣더라도 겁 내어 좌절하지 않는 것이니, 일체법이 본래부터 스스로 열반임을 믿어 알기 때문이다.

又是菩薩一發心後，遠離怯弱，畢竟不畏墮二乘地。若聞無量無邊阿僧祇劫勤苦難行乃得涅槃，亦不怯弱，以信知一切法從本已來自涅槃故。

(3-4-2-2) 해행발심을 설하다

(3-4-2-2-1) 심해가 현전하다

해행발심(解行發心)은 알고 실천하는 발심으로 더욱 수승한 것임을 알아야 한다. 왜냐하면 보살은 처음 바른 신심[正信]을 일으킨 후 제일 아승기겁이 다 할 때까지 바른 신심이 이어지도록 하기 때문에 진여법에 대한 깊은 이해가 나타나며, 닦는 것이 모양을 여의기 때문이다.

解行發心者, 當知轉勝。以是菩薩從初正信已來, 於第一阿僧祇劫將欲滿故, 於眞如法中, 深解現前, 所修離相。

(3-4-2-2-2) 수순하여 육바라밀을 닦다

법성의 자체는 인색하고 욕심 많음[慳貪]이 없는 줄 알기 때문에 그에 수순하여 보시바라밀(布施波羅蜜)을 수행하며,

법성은 물들어 더럽혀짐이 없어 오욕락[五欲]의 허물을 여읜 줄 알기 때문에 그에 수순하여 지계(持戒)바라밀을 수행하며,

법성은 고뇌[苦]가 없어 성 내고 괴로워함을 여읜 줄 알기 때문에 그에 수순하여 인욕(忍辱)바라밀을 수행하며,

법성은 몸과 마음[身心]의 모양이 없어 게으름을 여읜 줄 알기 때문에 정진(精進)바라밀을 수행하며,

법성은 항상 안정하여 자체가 산란함이 없는 줄 알기 때문에 그에 수순하여 선정(禪定)바라밀을 수행하며,
법성은 자체가 밝아서 무명을 여읜 줄 알기 때문에 그에 수순하여 지혜[般若]바라밀을 수행한다.

以知法性體無慳貪故, 隨順修行檀波羅蜜;以知法性無染, 離五欲過故, 隨順修行尸波羅蜜;以知法性無苦, 離瞋惱故, 隨順修行羼提波羅蜜;以知法性無身心相, 離懈怠故, 隨順修行毘梨耶波羅蜜;以知法性常定, 體無亂故, 隨順修行禪波羅蜜;以知法性體明, 離無明故, 隨順修行般若波羅蜜。

(3-4-2-3) 증발심을 설하다

(3-4-2-3-1) 증발심의 모든 지위를 밝히다

(3-4-2-3-1-1) 지위와 증의 뜻을 밝히다
발심을 증득[證發心]한 자는 정심지(淨心地)로부터 보살구경지(菩薩究竟地)에 이르기까지 어떤 경계를 증득하는가? 이른 바 진여를 증득한다. 전식(轉識)에 의하여 경계라고 말하지만 이 증득은 경계가 없는 것이며 오직 진여의 지혜[眞如智]뿐이므로 법신(法身)이라 한다.

證發心者, 從淨心地乃至菩薩究竟地, 證何境界？所謂

真如, 以依轉識說爲境界, 而此證者無有境界, 唯眞如
智名爲法身。

(3-4-2-3-1-2) 덕을 찬탄하다

보살이 일념(一念) 사이에 시방의 모든 세계에 이르러 부
처님께 공양 올리고 법륜을 굴리기를 청하니, 그것은 오
직 중생을 도에 이르도록 인도[開導]하여 이익되게 하기
위한 것이지 문자에 의지하지 않는다.
혹은 지위(地位)를 초월하여 빨리 정각(正覺)을 이루는
것을 보이니 이는 겁약한 중생을 위한 것이기 때문이며,
혹은 내가 한량없는 아승기겁에 불도(佛道)를 이룬다고
설하였으니 이는 게으르고 교만한 중생을 위한 것이기
때문이다.

이러한 무수한 방편의 불가사의함을 보이지만 실제로 보
살은 종성(種性)과 근기(根)가 평등하고 발심이 평등하며
증득한 것도 평등하여 초과하는 법이 없으니, 모든 보살
이 다 삼 아승기겁을 거치기 때문이다.

단지 중생의 세계와 같지 않으며 보는 바와 듣는 바의 근
기[根: 능력]와 욕망[欲: 희망]과 성질이 달라서 행하는
것도 차별이 있는 것이다.

是菩薩於一念頃能至十方無餘世界, 供養諸佛、請轉法

輪, 唯爲開導利益衆生。不依文字, 或示超地速成正覺,
以爲怯弱衆生故；或說我於無量阿僧祇劫當成佛道, 以
爲懈慢衆生故。能示如是無數方便不可思議, 而實菩薩種
性根等, 發心則等, 所證亦等, 無有超過之法。以一切菩
薩皆經三阿僧祇劫故, 但隨衆生世界不同, 所見所聞根欲
性異, 故示所行亦有差別。

(3-4-2-3-1-3) 삼종심의 미세한 상을 밝히다
보살의 발심한 모양[發心相]이란 세 가지 마음의 미세한 형
상이 있다.

又是菩薩發心相者, 有三種心微細之相。云何爲三？

(3-4-2-3-1-3-1) 진심을 밝히다
첫째는 진심(眞心)이니 분별이 없기 때문이다.

一者、眞心, 無分別故。

(3-4-2-3-1-3-2) 방편심을 밝히다
둘째는 방편심(方便心)이니 자연히 두루 행하여 중생을
이익되게 하기 때문이다.

二者、方便心, 自然遍行, 利益衆生故。

(3-4-2-3-1-3-3) 업식심을 밝히다
 셋째는 업식심(業識心)이니 미세하게 생멸하기 때문이다.

三者、業識心，微細起滅故。

(3-4-2-3-2) 제십지에서 이룬 덕을 밝히다

(3-4-2-3-2-1) 훌륭한 덕을 바로 밝히다
 또 보살은 공덕이 원만함을 이루어서 색구경처(色究竟
處)에서 모든 세간 중 가장 높고 큰 몸을 보이니, 이는 일
념과 상응하는 지혜로써 무명이 단번에 없어지는 것을 일
체종지(一切種智)라 하며 자연히 불가사의한 업이 있어
시방에 나타나 중생을 이익 되게 한다.

 又是菩薩功德成滿，於色究竟處示一切世間最高大身。謂以
一念相應慧，無明頓盡，名一切種智，自然而有不思議業,
能現十方利益衆生。」

(3-4-2-3-2-2) 여래의 일체종지를 밝히다
묻기를,
"허공이 무변하기 때문에 세계가 무변하며 세계가 무변하
기 때문에 중생이 무변하며 중생이 무변하기 때문에 심행
(心行)의 차별도 또한 무변하니, 이와 같은 경계는 한계를
지을 수 없어서 알기 어렵다.

만약 무명이 끊어지면 마음의 생각[心想]이 없어지는데 어떻게 알아서 일체종지(一切種智)라고 말하는가?"

답하기를,
"일체 경계는 본래 일심(一心)이다. 상념을 떠나 있으나, 중생이 망령되이 경계를 보는 까닭으로 마음에 차별상[分齊]이 있게 되니 망령되이 상념을 일으켜서 법성에 들어맞지 않기에 분명히 알지 못하는 것이다.
모든 부처와 여래는 망견과 망상을 여의어서 두루하지 않는 것이 없으며, 마음이 진실하기 때문에 곧 이는 모든 법의 본성인 것이다.
그 자체가 모든 허망한 법을 환하게 비추어 큰 지혜[大智]의 작용이 있어 무량한 방편으로 모든 중생이 응당 알아야 할 바를 따라서 여러 가지 법의(法義)를 모두 열어 보이기 때문에 일체종지라 이름한다."

問曰：「虛空無邊故世界無邊, 世界無邊故衆生無邊, 衆生無邊故心行差別亦復無邊。如是境界不可分齊, 難知難解。若無明斷無有心想, 云何能了, 名一切種智？」
答曰：「一切境界, 本來一心離於想念, 以衆生妄見境界故心有分齊, 以妄起想念不稱法性故不能決了。諸佛如來離於見想無所不遍, 心真實故, 即是諸法之性。自體顯照一切妄法, 有大智用無量方便, 隨諸衆生所應得解, 皆能開示種種法義, 是故得名一切種智。」

(3-4-2-3-2-3) 법신의 나타남과 나타나지 않음을 밝히다

또 묻기를,

"만약 부처에게 자연업(自然業)이 있어서 모든 곳에 나타나 중생을 이익 되게 한다면 모든 중생이 부처의 몸을 보거나, 혹은 신비한 변화를 보거나, 혹은 그 설법을 듣는다면 이익을 얻을 것인데 어찌하여 세간에는 많은 이가 볼 수 없는가?

　답하기를,
"부처와 여래의 법신이 평등하여 모든 곳에 두루하며 마음에 조작[作意: 의식적인 노력]이 없기 때문에 '자연(自然)'이라 한 것이며 다만 중생심에 의하여 나타난다.
중생심(衆生心)이란 마치 거울과 같으니, 거울에 때가 있으면, 색상(色像)이 나타나지 않는 것처럼, 중생심에도 때가 있으면 법신이 나타나지 않는 것이다."

又問曰：「若諸佛有自然業，能現一切處利益衆生者，一切衆生若見其身、若觀神變、若聞其說，無不得利。云何世間多不能見？」
答曰：「諸佛如來法身平等遍一切處，無有作意故。而說自然，但依衆生心現。衆生心者猶如於鏡，鏡若有垢，色像不現。如是衆生心若有垢，法身不現故。」

(4-0-0-0) 수행신심분

(4-0-0-0) 수행신심분
이미 해석분을 설하였으니, 다음에는 수행신심분(修行信心分)을 설한다.

已說解釋分。次說修行信心分。

(4-1-0-0) 부정취 중생에게 설하다
이 중에 아직 정정취(正定聚)에 들지 못한 중생이 있기 때문에 신심을 수행함을 설한다.
무엇이 신심이며, 어떻게 수행하는가?

是中依未入正定衆生故, 說修行信心。何等信心？云何修行？

(4-2-0-0) 신심의 네 가지를 설하다
간략히 설명하면 신심에는 네 가지가 있다.

略說信心有四種。云何為四？

(4-2-1-0) 근본을 믿다
 첫째 근본을 믿는 것이니, 진여법을 즐겨 생각하기 때문이다.

一者、信根本, 所謂樂念真如法故。

(4-2-2-0) 부처님을 믿다

둘째 부처에게 한량없는 공덕이 있다고 믿고 항상 부처를 가까이 하고 공양하고 공경하여 선근을 일으켜 일체의 지혜[一切智]를 구하기 때문이다.

二者,信佛有無量功德, 常念親近供養恭敬, 發起善根, 願求一切智故。

(4-2-3-0) 불법을 믿다

셋째 법에 큰 이익이 있음을 믿고 항상 모든 바라밀을 수행하기를 생각하기 때문이다.

三者,信法有大利益, 常念修行諸波羅蜜故。

(4-2-4-0) 승가를 믿다

넷째 승가가 바르게 수행하여 자리이타(自利利他)를 믿으며 항상 모든 보살을 즐겨 친근하며 여실한 수행을 배우려고 하기 때문이다.

四者,信僧能正修行自利利他, 常樂親近諸菩薩衆, 求學如實行故。

(4-3-0-0) 오문 수행으로 신심을 성취하다

수행에 다섯 문(五門)이 있어 이 믿음을 잘 성취할 수 있다.

첫째 보시문(施門)이며, 둘째 지계문(戒門)이며, 셋째 인욕문(忍門)이며, 넷째 정진문(進門)이며, 다섯째 지관문(止觀門)이다.

修行有五門, 能成此信。云何為五？一者、施門, 二者、戒門, 三者、忍門, 四者、進門, 五者、止觀門。

(4-3-1-0) 보시문의 수행을 밝히다
어떻게 보시문을 수행하는가?

云何修行施門？

(4-3-1-1) 재물로 보시하다
만약 어떤 사람이 와서 구하면 가지고 있는 재물을 힘 닿는 대로 베풀어 줌으로써 스스로 간탐심을 버리고 그들로 하여금 환희롭게 한다.

若見一切來求索者, 所有財物隨力施與, 以自捨慳貪令彼歡喜。

(4-3-1-2) 무외를 보시하다
만약 액난(厄難)과 공포와 핍박[威逼]을 받는 사람을 보면 자기의 능력에 따라 두려움이 없도록[無畏] 베풀어 준다.

若見厄難恐怖危逼, 隨己堪任施與無畏。

(4-3-1-3) 법을 보시하다
만약 어떤 중생이 와서 법을 구하는 이가 있으면 자기가 아는 대로 방편으로 설하되 명리(名利)나 공경을 탐내지 않으며 오직 자리이타(自利利他)를 생각하여 보리에 회향하기 때문이다.

若有衆生來求法者, 隨己能解方便爲說。不應貪求名利恭敬, 唯念自利利他迴向菩提故。

(4-3-2-0) 지계문의 수행을 밝히다
어떻게 지계문(戒門)을 수행하는가?

云何修行戒門？

(4-3-2-1) 십악을 멀리하다

(4-3-2-1-1) 몸으로 짓는 업을 삼가다
이른 바 살생하지 않고, 도둑질 하지 않고, 음행하지 않는다.

所謂不殺、不盜、不婬、

(4-3-2-1-2) 입으로 짓는 업을 삼가다

두 말[兩舌]을 하지 않으며, 악한 말[惡口]을 하지 않으며, 거짓말 하지 않으며, 기어(綺語)를 하지 않는다.

不兩舌、不惡口、不妄言、不綺語,

(4-3-2-1-3) 뜻으로 짓는 업을 삼가다

탐욕과 질투[貪嫉]와 속임[欺詐]과 간사함[諂曲]과 성냄[瞋恚]과 삿된 견해[邪見]를 멀리 여의는 것이다.

遠離貪嫉、欺詐、諂曲、瞋恚、邪見。

(4-3-2-2) 두타행과 참괴를 닦다

만약 출가한 사람이라면 번뇌를 끊어 굴복시키기 위하여 응당 시끄러운 곳을 멀리 여의고 항상 고요한 곳에 있으면서 소욕(少慾)과 지족(知足)의 두타(頭陀)행을 닦으며 작은 죄라도 마음으로 두려워하고 부끄러워하고 뉘우치며 여래께서 만든 계율을 가벼이 여기지 않고 마땅히 다른 사람을 헐뜯고 혐오하지 않으며 비난하는 중생으로 하여금 망령되이 허물을 짓지 않도록 하기 때문이다.

若出家者爲折伏煩惱故, 亦應遠離憒閙、常處寂靜, 修習少欲知足頭陀等行。乃至小罪心生怖畏, 慚愧改悔, 不得輕於如來所制禁戒。當護譏嫌, 不令衆生妄起過罪故。

(4-3-3-0) 인욕문의 수행을 밝히다

어떻게 인욕문(忍門)을 수행하는가? 마땅히 타인의 괴롭힘을 참아서 마음에 보복할 것을 생각하지 않으며, 또한 이익과 손해, 비난과 명예, 칭찬과 헐뜯음, 괴로움과 즐거움의 법을 참고 견디기 때문이다.

云何修行忍門？所謂應忍他人之惱，心不懷報；亦當忍於利、衰、毀、譽、稱、譏、苦、樂等法故。

(4-3-4-0) 정진문의 수행을 밝히다

어떻게 정진문(進門)을 수행하는가?

云何修行進門？

(4-3-4-1) 공덕을 부지런히 닦다

모든 선한 일에 마음이 게으르지 않고 뜻을 굳게 세워서 겁약을 멀리 여의고, 마땅히 과거의 오랜 세월[久遠]로부터 부질없이 일체의 몸과 마음에 큰 고통을 받았던 것이 아무런 이익이 없음을 생각할 것이며, 이 때문에 응당 모든 공덕을 부지런히 닦아 자리이타하여 모든 고통을 여의는 것이다.

所謂於諸善事心不懈退，立志堅強遠離怯弱。當念過去久遠已來，虛受一切身心大苦無有利益，是故應勤修諸功德，自利利他速離衆苦。

(4-3-4-2) 죄장을 부지런히 제거하다

또한 사람이 신심(信心)을 수행하였으나, 지난 세상[先世]으로부터 무거운 죄악 업장이 많은 까닭에 삿된 마구니와 여러 귀신에게 괴롭힘을 받거나 어지럽힘을 당하며,

혹은 세간의 사무(事務)에 여러 가지로 매이고 얽히게 되며 혹은 병고(病苦)에 시달리며 괴로움을 당하는 것이다. 이러한 여러 가지 장애가 있기 때문에 응당 용맹히 정근(精勤)하여 아침 저녁으로 여섯 번씩 부처님께 예배하여 성심으로 참회하며 권청(勸請)하고 수희(隨喜)하여 보리에 회향하기를 쉬지 않으면 모든 장애를 벗어나 선근이 증장하게 된다.

復次，若人雖修行信心，以從先世來多有重罪惡業障故，為魔邪諸鬼之所惱亂，或為世間事務種種牽纏，或為病苦所惱。有如是等衆多障礙，是故應當勇猛精勤，晝夜六時禮拜諸佛，誠心懺悔、勸請、隨喜、迴向菩提，常不休廢，得免諸障、善根增長故。

(4-3-5-0) 지관문의 수행을 밝히다

(4-3-5-1) 간략히 밝히다

어떻게 지관문(止觀門)을 수행하는가?

云何修行止觀門?

(4-3-5-1-1) 사마타
사마타, 지(止)라 하는 것은 모든 경계를 그치는 것이니,
사마타관을 수순하는 뜻이다.

所言止者, 謂止一切境界相, 隨順奢摩他觀義故。

(4-3-5-1-2) 위빠사나
 위빠사나, 관(觀)이라고 하는 것은 인연의 생멸상[因緣生
滅相]을 분별하는 것이니 위빠사나관을 수순하는 뜻이다.

所言觀者, 謂分別因緣生滅相, 隨順毘鉢舍那觀義故。

(4-3-5-1-3) 수순
어떻게 수순하는가? 두 가지 도리를 차츰차츰 닦고 익혀
서 서로 버리거나 여의지 않으면 함께 눈앞에 나타나기
때문이다.

云何隨順? 以此二義, 漸漸修習不相捨離, 雙現前故。

(4-3-5-2) 지관을 자세히 밝히다

(4-3-5-2-1) 지관의 별수를 설하다

(4-3-5-2-1-1) 사마타를 닦다

(4-3-5-2-1-1-1) 사마타를 닦는 방법을 밝히다

(4-3-5-2-1-1-1-1) 잘 닦는 사람
 만약 지(止)를 닦는 사람은 고요한 곳에 머물러 단정히 앉아서 뜻을 바르게 하여 기식(氣息)에 의지하지 않으며, 형색(形色)에 의지하지 않으며, 공(空)에 의지하지 않으며, 지(地), 수(水), 화(火), 풍(風)에 의지하지 않으며, 내지 견문(見聞), 각지(覺知)에 의지하지 않아야 한다.
일체의 모든 상념을 생각마다 없애고 또한 없앤다는 생각마저도 없어야 한다.
왜냐하면 일체법이 본래 모양이 없기 때문이다. 생각마다 생각이 일어나지 않으면 생각이 멸하지 않는다고 한다.

또한 마음 밖의 경계를 생각하지 않은 뒤에 마음으로 마음을 제멸(除滅)하는 것이다.

마음이 만약 흩어져 달아나면 곧 거두어 바른 마음[正念]에 머물게 해야 하며,

바른 마음이란 오직 마음뿐이요, 바깥 경계가 없음을 알

아야 한다.

또한 이 마음도 스스로의 모양[自相]이 없어서 생각마다 가히 얻을 수가 없다. 만일 앉은 곳에서 일어나 가고 오고 나아가더라도 그치며 베풀어 짓는 것이 있더라도 항상 방편을 생각하여 수순하고 관찰하여 오래도록 닦아서 순박하게 되면 그 마음이 편안함을 얻는다.

마음이 편안하여 점점 용맹하고 날카로워[猛利: 매우 예리함] 진여삼매에 수순하여 들어가게 되며 번뇌를 깊이 조복(調伏)하고 신심(信心)이 증장하여 속히 불퇴전(不退轉)의 경지를 이룬다.

若修止者, 住於靜處端坐正意, 不依氣息、不依形色、不依於空、不依地水火風, 乃至不依見聞覺知。一切諸想隨念皆除, 亦遣除想, 以一切法本來無相, 念念不生、念念不滅, 亦不得隨心外念境界, 後以心除心。心若馳散, 即當攝來住於正念。是正念者, 當知唯心, 無外境界。即復此心亦無自相, 念念不可得, 若從坐起去來進止有所施作, 於一切時常念方便隨順觀察, 久習淳熟其心得住。以心住故漸漸猛利, 隨順得入真如三昧, 深伏煩惱信心增長, 速成不退。

(4-3-5-2-1-1-1-2) 들어가지 못하는 사람

오직 의혹하고 불신하고 비방하고 중죄업장을 지은 사람과 아만(我慢)이 강한 사람과 게으른[懈怠] 사람은 제외하니, 이러한 사람들은 들어갈 수 없다.

唯除疑惑、不信、誹謗、重罪、業障、我慢、懈怠, 如是等人所不能入。

(4-3-5-2-1-1-2) 사마타의 수행공덕을 밝히다

또한 이 삼매에 의지하기 때문에 곧 법계가 한 모양[一相]인 것을 알아 모든 부처의 법신이 중생신(衆生身)과 더불어 평등하여 둘이 아님을 안다. 이것을 일행삼매(一行三昧)라고 말한다. 진여가 이 삼매의 근본임을 알아야 하며, 만일 어떤 사람이 수행하면 점점 한량없는 삼매에 들게 된다.

復次, 依如是三昧故, 則知法界一相。謂一切諸佛法身與衆生身平等無二, 即名一行三昧。當知真如是三昧根本, 若人修行, 漸漸能生無量三昧。

(4-3-5-2-1-1-3) 마사를 밝히다

(4-3-5-2-1-1-3-1) 마소와 대치를 간략히 밝히다

(4-3-5-2-1-1-3-1-1) 마가 혹란하다

어떤 중생이 선근의 힘이 없으면 모든 마구니와 외도와 귀신에게 어지러움을 당하게 되니, 만약 앉아 있을 때[坐中] 모습을 나타내어 공포를 일으키게 하거나 단정한 남녀의 모습을 나타낼 경우,

或有衆生無善根力, 則爲諸魔外道鬼神之所惑亂, 若於坐中現形恐怖, 或現端正男女等相,

(4-3-5-2-1-1-3-1-2) 마를 대치하다
오직 마음뿐임을 생각하면 경계가 없어지고 마침내 괴로워하며 혼란[惱亂]스럽지 않게 된다.

當念唯心, 境界則滅, 終不爲惱。

(4-3-5-2-1-1-3-2) 마사와 대치를 자세히 밝히다

(4-3-5-2-1-1-3-2-1) 마사가 일어나는 차별을 밝히다
혹은 천상(天像)과 보살상을 나타내거나 여래의 모습을 지어서 상호(相好)가 구족하기도 한다.

혹은 다라니를 설하며 보시, 지계, 인욕, 정진, 선정, 지혜를 설하기도 한다.
혹은 평등하고 공(空)하며 모양이 없으며[無相] 원력도 없고[無願] 원수도 없고[無怨], 친한 이도 없고[無親] 인

과도 없어서[無因無果] 마침내 공적(空寂)한 것이 참된 열반이라고 설한다.

혹은 사람들에게 과거의 일을 알게 하며 또한 미래의 일도 알게 하여 다른 사람의 마음을 아는 지혜[他心智]를 얻으며 변재(辯才)가 걸림이 없어서 중생으로 하여금 세간의 명예나 이익되는 일에 탐착하게 한다.

또 사람들로 하여금 자주 성내고 기뻐하게 하여 성품에 일정한 기준이 없게 하며,

혹은 많이 자애롭고 잠이 많고 병이 많아서 그 마음을 게으르게 하며,

혹은 갑자기 정진을 하다가 갑자기 그만두어 믿지 않는 마음을 내어 의심이 많고 근심이 많으며,

혹은 본래의 수승한 행위를 버리고 다시 잡된 업[雜業]을 닦으며 세속의 일에 집착하여 갖가지에 매이고 얽히게 한다.

또한 사람들에게 삼매를 얻게 하여 진여삼매에 든 것과 비슷하지만, 이는 다 외도가 얻은 것이지 참다운 삼매가 아닌 것이다.

또한 사람들에게 하루, 이틀, 사흘 내지 이레까지 선정[定] 속에 머물게 하여 자연히 향기롭고 맛난[香味] 음식을 얻어서 몸과 마음이 쾌적하고 기뻐서 배가 고프지도 않고 목이 마르지도 않게 하여 그것에 애착하게 한다.

혹은 사람들에게 먹는 양을 조절하지 못하게 하여 많이 먹었다 적게 먹었다 하여 안색이 변하여 달라진다.

或現天像、菩薩像, 亦作如來像相好具足, 若說陀羅尼, 若說布施、持戒、忍辱、精進、禪定、智慧, 或說平等、空、無相、無願、無怨無親、無因無果、畢竟空寂是真涅槃。或令人知宿命過去之事, 亦知未來之事, 得他心智辯才無礙, 能令衆生貪著世間名利之事。又令使人數瞋數喜, 性無常准。或多慈愛多睡多病, 其心懈怠。或卒起精進後便休廢, 生於不信多疑多慮。或捨本勝行更修雜業。若著世事種種牽纏, 亦能使人得諸三昧少分相似, 皆是外道所得, 非真三昧。或復令人若一日若二日若三日, 乃至七日住於定中, 得自然香美飲食, 身心適悅不飢不渴, 使人愛著。或亦令人食無分齊, 乍多乍少顏色變異。

(4-3-5-2-1-1-3-2-2) 마사를 지혜로 대치하다
이러하기 때문에 수행하는 사람은 항상 지혜로써 관찰하여 마음을 삿된 번뇌의 그물[邪網:삿된 그물]에 떨어지지 않게 하고 부지런히 바른 생각[正念]을 하여 취착하지 않으면 모든 업장을 멀리 여읠 것이다.

以是義故, 行者常應智慧觀察, 勿令此心墮於邪網。當勤
正念不取不著, 則能遠離是諸業障。

(4-3-5-2-1-1-3-2-3) 진여삼매와 외도삼매를 구별하다
외도(外道)가 가지는 삼매는 견(見)과 애(愛)와 아만(我
慢)심을 여의지 못한 것임을 알아야 할 것이니, 그들의
삼매는 세간의 명리와 공경에 탐착하기 때문이다.

진여삼매(眞如三昧)란 보는 모양[相]에 머물지 않고 얻은
모양[相]에도 머물지 않으며 선정[定]에서 깨어나도 게
으르고 교만함이 없어서 번뇌가 점점 엷어지게 된다.

만약 범부가 이 삼매법을 닦지 않고 여래의 종성[如來種
姓]에 들어간다는 것은 있을 수 없다.

왜냐하면 세간의 선(禪)의 삼매를 닦으면 흔히 거기에
맛들여 아견(我見)에 의지하여 삼계(三界)에 얽매여 외도
와 더불어 함께 하니 만약 선지식의 보호하는 바를 여의
면 곧 외도의 견해[見]을 일으키게 된다.

應知外道所有三昧, 皆不離見愛我慢之心, 貪著世間名利
恭敬故。真如三昧者, 不住見相、不住得相, 乃至出定亦無

懈慢, 所有煩惱漸漸微薄。若諸凡夫不習此三昧法, 得入如來種性, 無有是處。以修世間諸禪三昧多起味著, 依於我見繫屬三界, 與外道共。若離善知識所護, 則起外道見故。

(4-3-5-2-1-1-4) 사마타 수행으로 얻은 이익을 밝히다

오로지 한 마음으로 부지런히 이 삼매를 배우는 사람은 현세에서 마땅히 열 가지 이익을 얻는다.

첫째 항상 시방의 모든 부처와 보살에게 호념(護念)하는 것이 된다.

둘째 모든 마구니와 악귀에 의하여 두려움을 받지 않는다.

셋째 구십오 종의 외도와 귀신에 의하여 미혹하거나 혼란스럽게[惑亂]되지 않는다.

넷째 깊고 미묘한 불법을 비방함을 떠나 무거운 죄업장이 점점 엷어지게 된다.

다섯째 일체의 의심과 모든 잘못된 분별심이 없어진다.

여섯째 여래의 경계에 대한 믿음이 증장된다.

일곱째 근심과 후회를 여의어 생멸법 가운데 용맹하여 겁내지 않는다.

여덟째 그 마음이 부드럽고 온화하여 교만함을 버려 다른 사람들로부터 괴롭힘을 받지 않는다.

아홉째 비록 선정[定]를 얻지 못하였으나 때와 경계처(境界處)에 대하여 번뇌가 줄어들어 세속적인 일을 즐기지 않는다.

열째 삼매를 얻으면 바깥으로 반연하는[外緣] 모든 소리에 의하여 놀라지 않게 된다.

復次, 精勤專心修學此三昧者, 現世當得十種利益。云何為十? 一者、常為十方諸佛菩薩之所護念。二者、不為諸魔惡鬼所能恐怖。三者、不為九十五種外道鬼神之所惑亂。四者、遠離誹謗甚深之法重罪, 業障漸漸微薄。五者、滅一切疑諸惡覺觀。六者、於如來境界信得增長。七者、遠離憂悔, 於生死中勇猛不怯。八者、其心柔和, 捨於憍慢, 不為他人所惱。九者、雖未得定, 於一切時一切境界處, 則能減損煩惱、不樂世間。十者、若得三昧, 不為外緣一切音聲之所驚動。

(4-3-5-2-1-2) 위빠사나를 닦다

(4-3-5-2-1-2-1) 위빠사나 닦는 뜻을 밝히다

어떤 사람이 오직 사마타 지(止)만을 닦으면 곧 마음이 가라앉거나 혹은 게으름을 일으켜 여러 선행[善]을 즐기지 않고 대비심을 여의게 되니, 이러한 까닭으로 위빠사나 관(觀)를 닦는 것이다.

復次, 若人唯修於止, 則心沈沒或起懈怠, 不樂衆善·遠離大悲, 是故修觀。

(4-3-5-2-1-2-2) 위빠사나 닦는 방법을 밝히다

(4-3-5-2-1-2-2-1) 법상관을 밝히다
관(觀)를 닦아 익히는 이는 마땅히 세간의 유위(有爲)의 법이 오래 머무름이 없어 잠깐 동안에 변하여 없어지며[무상관],

마음의 작용이 생각마다 생멸하기 때문에 이것이 고(苦)인 줄 알아야 하며[고관],

과거에 생각한 모든 법이 어슴푸레하여 꿈과 같은 줄 알아야 하며, 현재 생각하는 모든 법이 번개와 같음을 알아야 하며, 미래에 생각할 모든 법이 마치 구름과 같아서 갑자기 일어나는 것임을 알아야 하며[무아관],

세간의 몸뚱이가 다 깨끗하지 못하고 가지가지로 더러워

서 하나도 좋아할 만한 것이 없음을 알아야 한다[부정관].

修習觀者, 當觀一切世間有爲之法, 無得久停須臾變
壞, 一切心行念念生滅, 以是故苦。應觀過去所念諸法恍
惚如夢, 應觀現在所念諸法猶如電光, 應觀未來所念諸法
猶如於雲忽爾而起, 應觀世間一切有身悉皆不淨, 種種穢
汚無一可樂。

(4-3-5-2-1-2-2-2) 대비관을 밝히다
이와 같이 일체의 중생이 무시(無始)로부터 모두 무명의
훈습에 의하기 때문에 마음을 생멸케 하여 이미 모든 신
심(身心)의 큰 고통을 받았으며, 현재에도 한량없는 핍박
이 있으며, 미래에 받을 고통도 한량이 없어서 버리고 여
의기가 어렵다. 이것을 알지 못하니 중생이 매우 불쌍하
다고 생각한다.

如是當念 :「一切衆生從無始世來, 皆因無明所熏習故令
心生滅, 已受一切身心大苦。現在即有無量逼迫, 未來所
苦亦無分齊, 難捨難離而不覺知。衆生如是, 甚爲可愍。」

(4-3-5-2-1-2-2-3) 서원관을 밝히다
이러한 생각을 하고 곧 용맹스럽게 큰 서원[大誓願]을 세
워야 한다. 원컨대 내 마음으로 하여금 분별을 여의게 하
여 시방에 두루한 일체의 모든 선한 공덕을 수행하며, 미

래가 다하도록 한량없는 방편으로 일체의 고뇌하는 중생
을 구제하여 그들에게 열반의 제일의의 낙[第一義樂]을
얻기를 바라는 것이다.

作此思惟，即應勇猛立大誓願：「願令我心離分別故，遍
於十方修行一切諸善功德，盡其未來，以無量方便救拔一
切苦惱衆生，令得涅槃第一義樂。」

(4-3-5-2-1-2-2-4) 정진관을 밝히다

이러한 원력(願)을 일으키기 때문에 때와 곳에 있는 여러
선행을 자기의 능력에 따라 닦고 배워서 마음에 게으름
이 없다.

以起如是願故，於一切時、一切處，所有衆善，隨已堪能
不捨修學，心無懈怠，

(4-3-5-2-1-2-3) 위빠사나 닦는 것을 총결하다

오직 좌선할 때 사마타 지(止)에 전념하는 것 외에는 나
머지 일체에서 행해야 할 것과 행하지 말아야 할 것을 관
찰해야 한다.

唯除坐時專念於止。若餘一切，悉當觀察應作不應作。

(4-3-5-2-2) 지관의 쌍수를 설하다

행할 때와 머무를 때와 누울 때와 일어날 때에 모두 마땅히 지관을 함께 수행해야 한다.

비록 모든 법의 자성이 생기지 않음을 생각하지만, 또한 곧 인연으로 화합한 선악의 업과 고락의 과보가 빠뜨려지지도 않고 무너지지도 않음을 생각하며, 비록 인연의 선악의 업보를 생각하지만, 본성은 얻는 것이 아니다.

만약 지(止)를 닦으면 범부는 세간에 주착(住着)함을 대치하고 이승의 겁약(怯弱)한 견해를 버리게 된다. 만일 관(觀)를 닦으면 이승(二乘)이 대비심을 일으키지 않는 용렬한 마음[狹劣心]의 허물을 대치하고, 선근을 닦지 않음을 멀리 여읜다.

이러한 뜻에 의하므로 지관(止觀)의 이문(二門)은 서로 도움이 되고 서로 버리고 여의지 못하니, 만약 지관(止觀)이 갖추어지지 못하면 곧 보리에 들어갈 방도가 없다.

若行若住、若臥若起，皆應止觀俱行。所謂雖念諸法自性不生，而復即念因緣和合善惡之業，苦樂等報不失不壞。雖念因緣善惡業報，而亦即念性不可得。若修止者，對治凡夫住著世間，能捨二乘怯弱之見。若修觀者，對治二乘不起大悲狹劣心過，遠離凡夫不修善根。以此義故，是止觀二門，共相助成，不相捨離。若止觀不具，則無能入菩提之道。

(4-4-0-0) 불퇴전의 염불방편을 설하다

중생이 처음 이 법을 배워서 바른 믿음을 구하고자 하지만 그 마음이 겁약하여, 사바세계에 머무름에 항상 부처를 만나 친히 공양을 올리지 못할까 스스로 두려워한다.

그가 두려워하면서 말하기를,
'신심(信心)은 성취하기가 어렵다'라고 하니, 뜻이 퇴전하는 사람에게 여래는 수승한 방편이 있어 신심을 북돋우며 보호[攝護]함을 알아야 한다.

이는 오로지 부처를 생각한 인연으로 원력[願]에 따라 다른 불토[他方佛土]에 태어나게 되어 항상 부처님을 친히 보아서 영원히 악도(惡道)를 여의는 것을 말한다.

이는 경에서 '만일 어떤 사람이 오로지 서방 극락세계의 아미타불을 생각하여 그가 닦은 선근으로 회향하여 저 세계에 나기를 원[願求]하면 곧 왕생(往生)하게 되어 늘 부처를 친히 보기 때문에 끝내 퇴전함이 없다'라고 하였다.
만약 부처님의 진여법신을 관(觀)하여 항상 부지런히 수습하면 마침내 극락에 왕생하게 되어 정정취(正定)에 머물게 된다.

復次, 衆生初學是法欲求正信, 其心怯弱。以住於此娑婆世界, 自畏不能常值諸佛、親承供養。懼謂信心難可成就,意欲退者，當知如來有勝方便攝護信心。謂以專意念佛因緣，隨願得生他方佛土，常見於佛永離惡道。如修多羅說，若人專念西方極樂世界阿彌陀佛，所修善根，迴向願求生彼世界，即得往生，常見佛故，終無有退。若觀彼佛真如法身，常勤修習畢竟得生，住正定故。

(5-0-0-0) 권수이익분

(5-0-0-0) 권수이익분

(5-1-0-0) 앞의 말을 통틀어 맺다

이미 수행신심분(修行信心分)을 말하였으니, 다음에는 권수이익분(勸修利益分)을 말한다.

이와 같이 대승의 모든 부처님[諸佛]의 비밀장[秘藏]을 내가 이미 모두 설하였다.

已說修行信心分。次說勸修利益分。如是摩訶衍諸佛祕藏, 我已總說。

(5-2-0-0) 이익을 들어 닦기를 권하다

어떤 중생이 여래의 매우 깊은 경계에 대하여 바른 믿음을 내어 비방을 멀리 여의고 대승도에 들고자 한다면 마땅히 이 논을 깊이 생각하고[思量], 수습(修習)하면 마침내 무상도(無上道)에 이를 수 있을 것이다.

만약 어떤 사람이 이 법을 듣고 나서 겁약한 마음을 내지 않으면 마땅히 알 것이다. 이 사람은 틀림없이 부처의 종자를 이어서 반드시 부처에게 수기(授記)를 받을 것이다.

若有衆生, 欲於如來甚深境界得生正信, 遠離誹謗入大乘道, 當持此論思量修習, 究竟能至無上之道。若人聞是法已不生怯弱，當知此人定紹佛種，必為諸佛之所授記。

(5-3-0-0) 수지하는 복이 수승하다

어떤 사람이 삼천대천세계에 가득한 중생을 교화하여 십선(十善)을 행한다 하더라도, 어떤 사람이 잠깐 동안 이 법을 생각하는 것보다 못하며, 공덕도 앞의 것보다 우월하여 그것과 비교할 수 없는 것이다.

어떤 사람이 이 〈기신론〉을 받아지녀 관찰하고 수행하기를 하루 낮 하룻 밤 동안 한다면 그 공덕이 한량없어 이루 다 말할 수가 없다.

시방의 일체의 부처가 각기 무량무변한 아승기겁에 그 공덕을 찬탄하더라도 다할 수가 없다.

왜냐하면 이는 법성의 공덕이 다함이 없기 때문에 이 사람의 공덕도 또한 끝이 없는 것이다.

假使有人能化三千大千世界滿中眾生令行十善，不如有人於一食頃正思此法，過前功德不可為喻。復次，若人受持此論觀察修行，若一日一夜，所有功德無量無邊不可得說。假令十方一切諸佛，各於無量無邊阿僧祇劫，歎其功德，亦不能盡。何以故？謂法性功德無有盡故。此人功德亦復如是，無有邊際。

(5-4-0-0)훼방하는 죄가 중하다

 어떤 중생이 이 〈기신론〉에 대하여 훼방하고 믿지 않는다면 그가 받는 죄의 과보는 무량겁이 지나도록 큰 고통을 받을 것이다.

그러므로 중생은 우러러 믿고 비방해서는 안된다. 왜냐하면 깊이 스스로를 해치고 다른 사람까지 해쳐 모든 삼보(三寶)의 종자를 끊어지게 하기 때문이다.

일체의 여래가 다 이 법에 의하여 열반을 얻기 때문이며, 일체의 보살이 이로 인하여 수행하여 부처의 지혜(佛智)에 들어가기 때문이다.

其有衆生, 於此論中毀謗不信, 所獲罪報, 經無量劫受大苦惱。是故衆生但應仰信, 不應誹謗, 以深自害亦害他人, 斷絶一切三寶之種, 以一切如來皆依此法得涅槃故, 一切菩薩因之修行入佛智故。

(5-5-0-0) 증거를 들어 보이다

 과거의 보살도 이미 이 법에 의하여 청정한 믿음[淨信]을 이루었고, 현재의 보살도 이제 이 법에 의하여 청정한 믿음을 이루며, 미래의 보살도 마땅히 이 법에 의하여 청정한 믿음을 이루게 될 것입니다.

當知過去菩薩已依此法得成淨信, 現在菩薩今依此法得成

淨信, 未來菩薩當依此法得成淨信,

(5-6-0-0) 닦아 배우기를 권하다
이러므로 중생은 부지런히 배우고 닦아야 한다.

是故衆生應勤修學。

(6-0-0-0) 회향게

(6-0-0-0) 회향게

(6-1-0-0) 회향게로 총결하다
 부처님의 깊고 깊은 광대한 뜻
내 이제 내용에 따라 모두 설하였으니
법성(法性)과 같은 이 공덕을 회향하여
널리 일체의 중생계를 이롭게 하여지이다.

諸佛甚深廣大義, 我今隨分總持說, 迴此功德如法性, 普
利一切衆生界。

(7-0-0-0) 부록

1.대승기신론 내용 설명 사전
2.대승기신론 도표

1. 대승기신론大乘起信論 내용 설명 사전

대승기신론 전체 구조
일심(一心 · One Mind): 깨달은 마음
이문(二門 · Two Aspects): 진여문, 생사문
삼대(三大 · Three Greatnesses): 체, 상, 용
사신(四信 · Four Faiths): 근본 믿음, 불, 법, 승
오행(五行 · Five Practices): 보시, 지계, 인욕, 정진,
지관

1. 일심一心

제법(모든 사물)은 맑음과 흐림(染淨)에 의해 가리지만 그 본성이 둘이 아니며
또 참됨(眞)과 거짓됨(妄)의 두 문을 세우지만 그것이 따로 별개의 것이 아니다.
그러므로 하나라고 한다. 둘이 아닌 이 자리에서 모든 사물은 알찬 것이 되며 그것은 조금도 헛되지 않아 그 스스로 모든 것을 환히 아는 까닭에 이를 불러 '마음'이라 하는 것이다.

그러나 이미 둘이 없는데, 어떻게 하나가 있으랴!
하나란 가짐이 없단 말이니, 어찌 '마음'을 누구의 것이라고 하랴!
이러한 '마음'의 도리는 언설과 사려를 절(絶)한 것이므로

무엇이라고 지목할 바를 몰라 구태여 '一心'이라고 부르는 것이다.

2. 진여문眞如門

　일심을 나누니 두 개의 문이 있는데, 진여문과 생사문이다. 두 개의 문이 서로 다른 것이 아니라 원래 하나에서 나와서 하나로 돌아가는 것이며, 돌아가 같은 것이다.
수 십명의 도공이 기왓장을 만들었을 때 만들어진 기왓장은 다 다르지만(생멸문) 모두 흙(진여문)을 사용하여 만들었다는 점은 같은 것이다.

3. 생사문生死門

　진여가 선, 불선의 근본 원인이 되어 여러 가지 부차적인 조건과 결합하여 제 현상을 빚어내는 것을 말한다.

4. 진여眞如

　진여는 우주 만유의 실체로서 현실적이며 평등 무차별한 절대의 진리.
① 진여는 전체성·보편성·영원성을 지닌 대총상(大總相)이며, ② 진여는 참된 이해를 낳게 하는 원리원칙으로서의 법(法)이고, ③ 진여는 열반에 들어갈 수 있는 문이 되며, ④ 일심을 그 체(體)로 하고 있고, ⑤ 불생불멸(不生不滅)로서 시간성을 초월하고 있으며, ⑥ 망념(妄念)을 떠나 있기 때문에 말로써 설명될 수 있는 것도, 문자와 개

념으로 알릴 수 있는 것도, 분석적 사변이 닿을 수 있는 것도 아니라고 하였다.

5. 각覺
연기를 인식하여 무명을 깨뜨리고 물들기 전의 본래 성품을 본 깨달은 상태.

6. 불각不覺
무명 속에 갇혀 있는 상태.

7. 시각始覺
깨달음을 성취해 가는 상태

8. 지말불각枝末不覺
깨닫지 못하게 하는 파생적인 요인들

9. 의언진여依言眞如
말에 의지하여 진여를 나타내는 것.

10. 공진여空本覺
본래 일체의 염법(染法)과 상응하지 않으며 일체법의 차별되는 모양을 떠났으며, 허망한 심념(心念)이 없다. 그러므로 진여의 자성은 모양이 있는 것도 아니며 모양이 없는 것도 아니며, 모양이 있지 않은 것도 아니며 모양이 없지 않은 것도 아니다.

11. 불공진여 不空本覺

법체가 공(空)하여 허망함이 없음을 나타냈기 때문에 이는 진심(眞心)이며, 진심은 항상하여 변하지 않고 청정한 법이 만족했으므로 불공(不空)이라 한다.

또한 모양을 가히 취할 수 없으니 망념을 여읜 경계는 오직 증득함으로써 상응하는 것이다.

12. 불각不覺

무명에 갇혀 아집으로 세상을 보며 살아가는 상태. 진리로 나아가는 방법도 모른다.

13. 상사각 相似覺

이승(二乘)의 관지(觀智)와 처음 마음을 낸 보살은 생각(念)의 다른 모양을 일으키는 바탕을 깨달아서 생각에 다른 모양이 없다는 것을 안다.

이는 거칠게 분별하는 집착의 바탕(麤分別執著相)을 버리는 까닭으로 상사각(相似覺)이라 한다.

14. 수분각 隨分覺

법신보살(法身菩薩)은 생각의 머무는 바를 깨달아서 생각에 머무는 모양이 없음을 안다. 분별하는 거친 모양의 생각(分別麤念相)을 여읜 까닭으로 수분각이라 한다.

15. 구경각 究境覺

보살지(菩薩地)가 다한 사람은 방편에 만족하여 한 생각이 상응하여 마음이 처음 일어나는 것을 깨달아서 마음에 처음 모양이 없음을 안다.
미세한 생각마저 멀리 여읜 까닭으로 마음의 성품을 볼 수 있게 되어 마음이 곧 항상 머무르기에 구경각(究竟覺)이라 말한다.

16. 본각本覺

진여의 본체에 까지 깨달음을 인식하는 상태.

17. 이언진여離言眞如

말을 떠나 진여를 나타내는 것.

18. 수염본각隨染本覺

본각이 오염된 분별을 따라서 두 가지의 모양을 내지만 본각과 더불어 서로 버리거나 여의지 않는다. 첫째는 지정상이고 둘째는 부사의업상이다.

19. 성정본각性淨本覺

각이 체상이라는 것은 네 가지 큰 뜻이 있으니 마치 허공과 같으며 마치 깨끗한 거울과 같다.

20-1. 상대. 21-1. 용대. 22-1. 체대

법을 나타낼 때, 법의 성품인 체대와 법의 성품을 나타내는 모양인 상대와 법의 작용을 나타내는 용대로 나눌 수 있다.

20. 지정상智淨相

법력의 훈습에 의지하여 여실히 수행하여 방편을 만족하는 까닭으로 화합식의 모양을 깨뜨리고 상속상의 모양을 없애어 법신을 나타내어 지혜가 순정한 까닭이다.

21. 부사의업상不思議業相

지혜가 깨끗한 모양을 의지하여 능히 일체의 수승하고 미묘한 경계를 짓는 것이다. 한량없는 공덕의 모양이 항상 끊어짐이 없어서 중생의 근기에 따라 자연히 상응하여 갖가지로 나타나서 이익을 얻게하는 까닭이다.

22. 여실공경如實空鏡

여실히 공한 거울이니 일체 마음의 경계상을 멀리 여의어서 법을 가히 나타낼 것이 없기에 깨닫고 비추는 뜻이 아닌 까닭이다.

23. 인훈습경因熏習鏡

인을 훈습하는 거울이니 일체 세간의 경계가 모두 그 가운데 나타나되 나가지도 않으며 들어가지도 않으며 잃지도 않으며 무너지지도 않으며 항상 일심에 머무르니 일체법이 곧 진실성인 까닭이다.

24. 법출이경法出離鏡
법에서 출리하는 거울이니 공하지 않는 법이다. 번뇌애와 지애를 벗어나고 화합상을 여의어서 순박하고 깨끗하고 밝은 까닭이다.

25. 연훈습경緣熏習鏡
연을 훈습하는 거울이니 법출리에 의지하는 까닭으로 중생의 마음을 두루 비추어서 선근을 닦게하여 생각에 따라서 나타나게 하는 까닭이다.

26-0. 육추六麤
업 전 현의 불각의 세가지 기본적인 상에서 파생되는 거친 여섯가지 상

26. 업계고상業繫苦相(색)
업으로 괴로움에 얽매이는 상이니 기업상에 의지하여 과보를 받아서 자재하지 못하는 까닭에 생기는 상.

27. 기업상起業相(행)
계명자상에 의지하여 이름을 찾고 취착하여 갖가지 업을 짓는 까닭에 생기는 상.

28. 계명자상計名字相(상)

허망한 집착에 의지하여 가명과 언설의 모양을 분별하는 까닭에 생기는 상.

29. 집취상執取相(수)

상속상에 의지하여 경계를 반연하여 생각하고 고락에 머물러서 마음에 집착을 일으키는 까닭에 생기는 상.

30. 상속상相續相

지상에 의지하는 까닭으로 고락을 느끼는 마음을 내어서 생각을 일으켜 상응하여 끊어지
지 않는 까닭에 생기는 상

31. 지상智相

경계상에 의지하여 마음에 애와 불애의 분별을 일으키기 때문에 생기는 상.

32-0. 삼세 三細

불각의 세가지 기본적인 상에서 파생되는 미세한 세가지 상, 업식, 전식, 현식

32. 경계상境界相

능견상에 의지하는 까닭으로 경계가 허망하게 나타나는 것이니 능견을 여의면 경계가 없다.

33. 능견상能見相

움직임에 의지하는 까닭으로 능히 보니 움직이지 않으면 보는 것이 없다.

34. 무명업상無明業相

불각에 의지하는 까닭으로 무지의 마음이 움직이므로 업상이라 한다. 깨달으면 움직이지 않으며 움직이면 괴로움이 따르게 되니 과보가 원인을 여의지 않은 까닭이다.

35. 상속식相續識

생각이 상응하여 끊어지지 않는 까닭으로 과거 한량없는 세상등의 선악의 업에 머물러서 그 내용을 잊지 않게하는 까닭이다.

36. 지식智識

오염되고 깨끗함을 분별하는 까닭이다.

37. 현식顯識

이른 바 일체 경계를 나타내는 것이 마치 깨끗한 거울이 색상을 나타내는 것과 같아서 현식도 또한 그러하여 다섯 가지 경계를 따라서 대상에 이르면 나타난다.
앞 뒤가 없고 항상 제 멋대로 일어나서 항상 있는 까닭이다.

38. 전식轉識

움직인 마음에 의지하여 능히 보는 모양인 까닭이다.

39. 업식業識

무명의 힘으로 불각의 마음이 움직인 까닭에 생기는 식

40. 집상응염執相應染

심왕과 심소가 의지하여 분별하는 세계인 염정법의 차별을 의지하여 인식해 아는 심왕과 심소의 모습과 인식하여 알 대상의 세계인 소연경의 모습이 동일하기 때문에 상응한다고 한다.
집착으로 상응하는 오염으로 성문, 연각의 이승 해탈과 신상응지(믿음에 상응하는 경지, 초발심의 경지)에 의지해야만 멀리 여읠 수 있는 까닭이다.

41. 부단상응염不斷相應染

끊어짐이 없이 상응하는 오염으로 신상응지에 의지하여 방편(6바리밀)을 수학함으로 점차로 버릴 수 있으며 정심지를 얻어야만 완전히 여읠 수 있는 까닭이다.

42. 분별지상응염分別智相應染

경계에 따라 지혜가 일어나 세간과 출세간의 법을 분별하며, 이 지혜가 마음과 상응하여 성품을 물들이는 오염. 구계지에 의지하여야 점차로 여의며 이에 무상방편지에 이르러야만 완전히 여읠 수 있는 까닭이다.

43. 현색불상응염現色不相應染

진여일심에 상즉한 무명불각이므로 진여일심과 무명불각이 항상하여 심왕과 심소와 그 소연경이 따로 구별되거나 다름이 없다. 따라서 인식해 아는 모습인 심왕과 심소의 소연경인 차별적인 모습이 상대적이어서 동일하지 않기 때문에 불상응이라고 한다.
심왕과 심소가 상대적인 의존관계로 호응하지 않음. 색자재지에 의지하여야 능히 여읠 수 있는 까닭이다.

44. 능견불상응염能見不相應染

심자재지에 의지하여야 능히 여읠 수 있는 까닭이다.

45. 근본업불상응염根本業不相應染

보살지의 다함을 의지하여 득입하고 여래지에서만 능히 여읠 수 있는 까닭이다.

46. 근본불각根本不覺

무명에 쌓여 깨닫지 못한 상태.

46. 근본불각

근본 무지인 무명에 의해 깨닫지 못한 상태.

47. 무명無明

지혜가 없어 모르는 상태.

48. 무명훈습無明熏習
깨닫지 못한 상태에서 무명에 의해 훈습되는 것.

49. 번뇌애煩惱礙
염심(染心)의 뜻이라는 것은 번뇌애(煩惱礙)라고 말하니 능히 진여의 근본지(根本智)를 장애하는 까닭이다.

50. 지애智礙
무명의 뜻이라는 것은 지애(智礙)라고 말하니 세간의 자연업지(自然業智)를 장애하는 까닭이다.

2. 대승기신론 도표

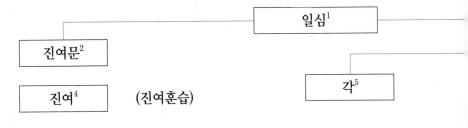

일심[1]

진여문[2]

각[5]

진여[4] (진여훈습)

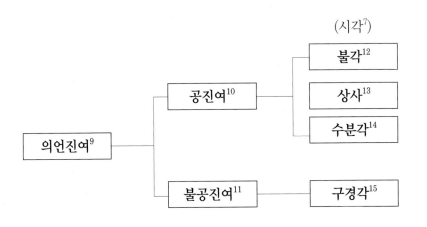

(시각[7])

공진여[10]

불각[12]

상사[13]

수분각[14]

의언진여[9]

불공진여[11]

구경각[15]

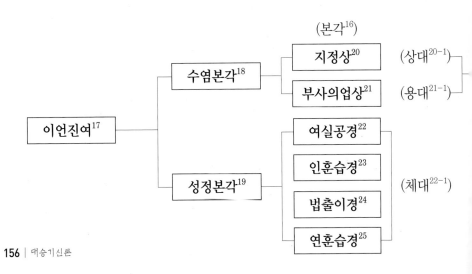

(본각[16])

수염본각[18]

지정상[20] (상대[20-1])

부사의업상[21] (용대[21-1])

이언진여[17]

성정본각[19]

여실공경[22]

인훈습경[23]

법출이경[24]

연훈습경[25]

(체대[22-1])

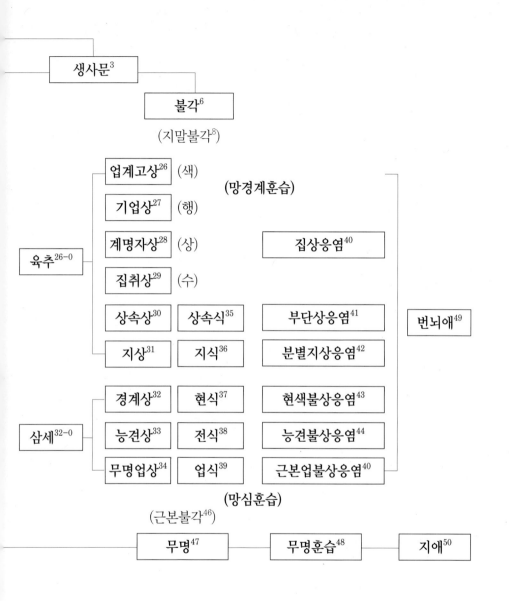

생사문[3]

불각[6]

(지말불각[8])

업계고상[26] (색)

기업상[27] (행)

계명자상[28] (상)

집취상[29] (수)

상속상[30]

지상[31]

경계상[32]

능견상[33]

무명업상[34]

(망경계훈습)

집상응염[40]

상속식[35]

지식[36]

부단상응염[41]

분별지상응염[42]

현식[37]

전식[38]

업식[39]

현색불상응염[43]

능견불상응염[44]

근본업불상응염[40]

번뇌애[49]

육추[26-0]

삼세[32-0]

(망심훈습)

(근본불각[46])

무명[47]

무명훈습[48]

지애[50]

| 157